EMPREENDEDOR
DO CONHECIMENTO

Capa:
Anderson Junqueira

Produção editorial:
Tatiana Müller

Revisão:
Naomi Sassaki
Marcos Seefeld

Ícones de miolo:
Freepik.com.br

Dados Internacionais de Catalogação na Publicação (CIP)
(Câmara Brasileira do Livro, SP, Brasil)

Sampaio, Maurício
    Empreendedor do conhecimento : transforme sua experiência de vida em uma carreira promissora /Maurício Sampaio. -- Nova Petrópolis, RS : MAP -Mentes de Alta Performance, 2021.

    ISBN 978-65-88485-10-1

    1. Carreira profissional - Administração 2. Carreira profissional - Desenvolvimento 3. Conhecimento - Gestão 4. Desenvolvimento pessoal 5. Empreendedorismo 6. Realização profissional 7. Sucesso nos negócios I. Título.

21-89588   CDD-658.421

Índices para catálogo sistemático:

1. Empreendedorismo : Desenvolvimento pessoal e profissional : Administração   658.421

Eliete Marques da Silva - Bibliotecária - CRB-8/9380

Todos os direitos reservados. Nenhuma parte desta obra pode ser reproduzida ou transmitida por qualquer forma e/ou quaisquer meios (eletrônico ou mecânico, incluindo fotocópia e gravação) ou arquivada em qualquer sistema ou banco de dados sem permissão escrita da Editora.

Luz da Serra Editora Ltda.
Avenida Quinze de Novembro, 785
Bairro Centro - Nova Petrópolis/RS
CEP 95150-000
loja@luzdaserra.com.br
www.luzdaserra.com.br
loja.luzdaserraeditora.com.br
Fones: (54) 3281-4399 / (54) 99113-7657

Maurício Sampaio

EMPREENDEDOR DO CONHECIMENTO

Transforme sua experiência de vida em uma carreira promissora

Nova Petrópolis / 2021

SUMÁRIO

INTRODUÇÃO
MAIS CLAREZA PARA SUA NOVA JORNADA
6

CAPÍTULO 1
MINHA HISTÓRIA DE VIDA E COMO ME TORNEI UM EMPREENDEDOR DO CONHECIMENTO
10

CAPÍTULO 2
O QUE É SER UM EMPREENDEDOR DO CONHECIMENTO?
22

CAPÍTULO 3
O MERCADO DE TRABALHO HOJE
36

CAPÍTULO 4
**DESAFIOS PARA DEIXAR SEU EMPREGO E
SER UM EMPREENDEDOR DO CONHECIMENTO**
===================== **50** =====================

CAPÍTULO 5
**OS 5 PILARES DO SUCESSO DO
EMPREENDEDOR DO CONHECIMENTO**
===================== **83** =====================

CAPÍTULO 6
**SUA TRANSFORMAÇÃO TAMBÉM
É A TRANSFORMAÇÃO DOS OUTROS**
===================== **120** =====================

MAIS CLAREZA PARA SUA NOVA JORNADA

Introdução

Hoje em dia, estamos vivendo uma verdadeira pandemia de insatisfação profissional. São milhares de pessoas desmotivadas ou que não estão engajadas com a profissão e a carreira. E quem diz isso não sou eu, são as inúmeras pesquisas de mercado.

O fato é que o mundo vem mudando em uma velocidade absurda, principalmente no que tange à tecnologia. Algo que, sem dúvida, repercute nas questões de trabalho também.

Muitas pessoas perderam seus empregos do dia para noite, milhares de universitários estão se formando e não sabem ao certo qual caminho seguir. Os adolescentes e jovens ficam cada vez mais perdidos em relação às suas escolhas profissionais, pois os modelos de sucesso estão mudando. E há uma imensa parcela de pessoas totalmente insatisfeitas com a carreira, ansiando por mudar e iniciar uma nova jornada profissional.

MAURÍCIO SAMPAIO

E é disso que trata este livro. Vamos falar como é possível iniciar uma nova carreira, um novo negócio, utilizando suas experiências de vida e sendo bem remunerado por isso. E o que é ainda melhor, recuperando o prazer pela vida.

Talvez você esteja pensando: "Como assim?", "Isso é possível?". Ao longo da jornada que vamos percorrer aqui, você vai entender melhor que a resposta é sim.

> **PARA LEMBRAR SEMPRE:**
>
> O que abordo nas próximas páginas é uma
> **NOVA FORMA DE ENXERGAR SUA TRAJETÓRIA PROFISSIONAL.**
> Um caminho para tirar você desse ponto de insatisfação que pode estar te incomodando e até adoecendo.

Vivemos, de fato, um processo histórico de ressignificação para o qual não estávamos preparados. Daí nossa dificuldade em perceber que tamanha metamorfose também significa um impulso jamais visto. Muito se fala em automatização, inteligência artificial e tantas outras perspectivas tecnológicas. Tudo isso está aí, é verdade, mas a grande e real diferença é a revolução do poder de escolha.

Estar diante desse grande leque de opções gera ansiedade, mas entenda que saber tirar proveito disso leva você a um percurso cheio de possibilidades, sem limite de crescimento e conquistas.

Não falo de recriar a roda, mas de mostrar como a engrenagem está funcionando e do caminho para trabalhar esse cenário a seu favor.

Não se trata apenas de um livro. Nesta obra, você vai passar por um por um processo de orientação, por um acompanhamento que, se cumprido passo a passo, trará uma grande mudança para sua vida. Então, nada de pensar numa leitura comum. Viva a dinâmica que proponho, mergulhando nos exercícios, vídeos e conteúdos complementares que também são oferecidos.

O *Empreendedor do Conhecimento* lança um novo olhar sobre a sua trilha profissional. Trata-se de deixar para trás a visão do autônomo como alguém jogado à informalidade; aquela pessoa que não deu certo ou se aposentou e pode, no máximo, prestar consultoria. Acredite. É possível fazer da sua bagagem de conhecimento um caminho próprio, sendo, verdadeiramente, um empreendedor.

Se você está sem rumo e perspectivas, até por ter perdido o emprego ou incomodado com um trabalho que não oferece chances de crescimento, encontrou o que precisa. Em cada capítulo, vai entender como fazer da sua experiência de vida a estrutura de um negócio que gera valor ao mundo, com excelente retorno financeiro.

Este é um livro para rabiscar, questionar, carregar debaixo do braço e interagir. No mais, só tenho a dizer que, depois de viver esse processo, cabe a você se abrir e aproveitar essas tantas possibilidades, para não permanecer numa estrutura que te mantém insatisfeito. Sim, porque o caminho da mudança será claro!

VAMOS JUNTOS PARA SUA NOVA VIDA?

MINHA HISTÓRIA DE VIDA E COMO ME TORNEI UM EMPREENDEDOR DO CONHECIMENTO

MAURÍCIO SAMPAIO

Capítulo 1

Você, que está começando a ler este livro agora, pode pensar: "O Maurício fala em empreender com o meu conhecimento porque, para ele, é fácil, já que ele é uma autoridade no mercado quando o assunto é carreira".

Pois é. Tenho a alegria de trabalhar com a minha paixão, tendo descoberto como fazer disso um negócio com grandes resultados. Só que, lá no começo, parecia um tanto impossível, assim como você deve estar achando, mas eu consegui e você também pode, tenha certeza!

A gente olha para quem tem sucesso e acaba esquecendo que há uma trajetória repleta de desafios e barreiras vencidas que levaram a pessoa até aquele ponto. Por isso, decidi contar para você como cheguei aonde estou, inclusive porque acredito muito no poder das histórias para ensinar. Elas inspiram e motivam, não é verdade?

Eu, pelo menos, quando vou a uma livraria ou biblioteca, costumo abrir os livros e buscar a parte em que o autor conta a sua trajetória. São modelos e inspirações que geram grande aprendizado.

Então, vou te convidar a conhecer um pouco mais sobre a minha vida e o caminho que me levou a ser reconhecido como uma autoridade, a principal referência brasileira no tema carreira no Brasil. Espero que ela sirva de incentivo e inspiração para você.

Já estive em desafios ao vivo na televisão, orientando pessoas em situações complexas de carreira. Já participei de algumas edições do programa "Mais Você", da Ana Maria Braga. Fiz um acompanhamento de recolocação profissional no programa "Como Será?", da Rede Globo. Também fiz um trabalho de orientação de carreira no reality show "Além do Peso", da Record. Os participantes tinham encarado o desafio de emagrecer, mas precisaram deixar seus trabalhos, então, atuei com eles no encaminhamento profissional. Além disso, estive no quadro "Sala de Emprego", do Jornal Hoje, trazendo dicas sobre profissão e mercado de trabalho. Enfim, são várias participações na mídia televisiva e impressa, além de livros escritos e que estão nas maiores livrarias do país, da participação nos principais e maiores eventos de coaching do Brasil e de ter promovido meu próprio evento, o Impacto. Só que, de verdade, nem sempre foi assim!

Sobre como tudo começou

Hoje, tenho clareza da minha paixão, que é ajudar as pessoas a fazerem uma escolha profissional mais assertiva e iniciarem uma nova carreira, mas descobrir isso não foi simples, nem de longe. Tive os mesmos obstáculos que você está encarando por aí. Vivi os inúmeros desafios e descobertas pelos quais todo mundo passa, tanto que fali um escritório em São Paulo logo no início da minha nova jornada profissional. Sim, isso mesmo, e conto os detalhes desse momento logo mais.

Antes, vamos regredir um pouco mais no tempo. Afinal, quando entra em jogo essa minha intimidade com aprender e educar, não tenho como não falar de uma conexão partilhada com a minha família. Sou filho de dona de escola e minha mãe era apaixonada pelo ensino. Ela sonhava em ter uma escola e lembro bem de, aos 9 ou 10 anos, passar de carro com ela em frente a uma chácara, na zona norte de São Paulo, onde a gente morava. Ali, ela parou e disse: "A mamãe quer dar uma olhada nesse lugar", já enxergando o que ia construir.

Fomos conversar com o zelador e ela comentou sobre montar uma escolinha naquele local. A chácara estava detonada, destruída, mas me marcou perceber, mesmo criança, a força do sonho da minha mãe. Minha mãe não tinha dinheiro sobrando na época, mas, no frigir dos ovos, conseguiu que meu pai vendesse a casa em que a gente morava para alugar a tal chácara.

Saímos de uma casa grande e espaçosa, num bom bairro, para um apartamento pequeno, com cinco pessoas dividindo um único banheiro. Ninguém passou perrengue, a gente comia bem, tinha carro, se divertia, mesmo naquele espaço restrito. E o que era para ser algo transitório, por, no máximo, dois anos, acabou virando o nosso lar durante oito ou nove anos.

Meu pai investiu o que a gente tinha no sonho da minha mãe. E ela foi muito batalhadora. Imagine só que, aos 40 anos e com três filhos, foi fazer Pedagogia, numa época em que não havia a facilidade do acesso às coisas dos dias de hoje. E tem muita gente com essa idade achando que é tarde para começar um negócio, não é mesmo?

E ainda tem mais. Aquilo tinha que dar certo porque era o investimento da família. E funcionou graças ao trabalho duro a que ela se dispôs. Eu dormia e acordava vendo-a montar planos, apostilas e criar cursos. Ou seja, não tem moleza, mas dá para construir grandes resultados. Ainda mais hoje em dia, contando com ferramentas como a internet, que tornam superfácil divulgar o trabalho e ter contato com a ajuda de mentores e especialistas.

O fato é que minha mãe enfrentou os medos e barreiras e seguiu em frente, encontrando formas de realizar o sonho. Quer ver um exemplo? Enquanto ainda era estudante e já tendo a escola, ela não podia formalmente ser a diretora. Então, buscou ajuda de um professor da faculdade que assinava os documentos e supervisionava o trabalho.

Tudo é uma questão de empenho e força de vontade. Tanto que o negócio foi ganhando corpo e crescendo e aí é que a história me envolve.

Encontros e desencontros profissionais

A escola da minha mãe começou como um centro cultural que oferecia atividades esportivas, acompanhamento escolar e artes. Em seguida, foi implementada a pré-escola, conhecida como creche ou Educação Infantil, para atender à demanda de pais que já frequentavam o local. E assim a trajetória foi seguindo. Da solicitação das famílias, surgiu, também, o Ensino Fundamental.

Tudo dava muito trabalho, mas o negócio crescia. Na época, ainda veio um baque familiar muito sério. No mesmo ano, perdemos meu pai e meu irmão mais velho. E lá estava minha mãe, encarando os desafios de doença na família, do luto, de ficar com dois filhos adolescentes e um negócio agora com 40 funcionários e centenas de alunos. Mas o propósito era muito forte e ela não desistiu, apesar de ter sofrido demais.

Eu, no meio disso tudo, passava por aquela fase da definição de carreira. Aos 16 ou 17 anos, trabalhava na escola com ela, depois do falecimento do meu pai. Trabalhei no almoxarifado, comprando, estocando e distribuindo materiais aos professores; assumi o Xerox e depois fui migrando para outras áreas.

Diante desse cenário um tanto confuso que coincidiu com o momento de fazer a minha primeira escolha profissional, me senti perdido. Como gostava de esportes, prestei vestibular para o curso de Educação Física e iniciei os estudos. Mas, depois de um ano, desisti e parti para a Pedagogia, em princípio por sugestão da minha mãe, como forma de estar mais preparado para ajudar na escola.

Acontece que me apaixonei pela Pedagogia e o curso acabou sendo um divisor de águas na minha vida. Foi um percurso de autoconhecimento que me fez perceber o quanto eu gostava de aprender e ensinar. Algo que faço com amor até hoje.

Um novo e decisivo passo

Então, me vi diante de outro momento marcante. A escola da minha mãe continuava crescendo e surgiu a demanda de montar o colegial, atualmente Ensino Médio. E ela disse a mim e ao meu irmão: "Eu não vou fazer isso. Não quero lidar com essa turma de adolescentes. Se vocês quiserem, toquem em frente".

Encaramos o desafio. Eu cuidava da parte pedagógica, e meu irmão da parte financeira, e fechamos a primeira turma do Ensino Médio. Foi quando me tornei diretor escolar.

Eram 12 professores para gerenciar e, ao mesmo tempo, eu lidava com os relacionamentos entre pais e jovens e também com as questões ligadas à escolha profissional, características dessa fase de vida daquela garotada.

Aí virou uma chave. Percebi que gostava muito de ajudar os alunos no desafio de escolher uma profissão, um curso superior. Acredito que já era meu subconsciente alertando: "Você sofreu tanto com isso. Bora ajudar essa turma". Passei a estudar e pesquisar mais sobre o assunto e quanto mais mergulhava em entender questões de carreira e profissão, mais minha paixão aumentava. Ficou claro para mim que eu queria viver disso.

E comecei a trilhar um caminho profissional com esse foco. Veio o convite para coordenar os programas para a juventude do Governo do Estado de São Paulo, quando criei um projeto chamado Rumo Profissional.

Trabalhei na área governamental durante um ano, mas, por ser apartidário, decidi continuar o projeto em parceria com uma ONG do Morro do Piolho, uma comunidade paulistana. Toda sexta-feira, eu ia lá e tocava essa iniciativa social com a garotada. Era simplesmente incrível!

Então, veio a ideia de expandir esse serviço para mais jovens e outras pessoas. Pensei: "Eu trabalho pela manhã, aqui na escola da família, para o Ensino Médio, e vou atender alunos à tarde. E quer saber mais? Vou levar esse conhecimento para a rua, fazendo palestras sobre escolha profissional também em outras escolas".

Sobre falir um escritório

Decidi abrir um escritório para fazer atendimentos, começar uma nova jornada profissional, paralelamente à escola. Foi quando surgiu o meu primeiro desafio. Eu atendia gratuitamente quase o dia inteiro. Essa foi a estratégia que utilizei na época, pois queria aprender mais como fazer atendimentos e ao mesmo tempo atrair mais clientes por indicação. A questão é que trabalhava sem ganhar e estava bancando um escritório bonito, porque achava que isso era importante. Não entrava dinheiro e eu estava mantendo tudo do próprio bolso, porque não sabia cobrar.

O resultado? Em seis ou sete meses, fali um escritório. Me lembro de, com muita vergonha, ter chamado meu irmão para ajudar a desmontar toda aquela estrutura. Ele veio com uma caminhonete e levamos tudo de volta para a escola da família.

De aprender e ensinar, surge um método

Mas se, por um lado, eu tomava pancada, por outro, eu me desenvolvia. Desistir não estava em pauta. Passei a atender em cafeterias, nas salas que amigos me emprestavam, onde fosse possível. Era o meu sonho e de forma alguma eu ia parar.

Essa decisão foi crucial e, por incrível que pareça, me levou a deslanchar. Outro ponto fundamental foi que, com muita dificuldade, finalmente aprendi a cobrar e vender. E assim um cliente indicava o outro e novas portas foram se abrindo.

Paralelamente, um jornal de bairro, o Semanário, me convidou para ser colunista de educação e carreira e também surgiu a chance de escrever mensalmente para uma revista. Esses temas sempre foram muito conectados para mim e o exercício diário de escrever se tornou instigante.

Veio minha primeira publicação. Era parte de uma coleção chamada "Êxito Profissional", vendida de porta em porta, na época. É muito provável que você até a encontre na internet, mas não são obras das estantes de grandes livrarias. Só que esse livro abriu caminho para outros passos e, depois, surgiu *Escolha certa*, uma obra que escrevi despretensiosamente e já vendeu mais de 30 mil cópias. Na sequência, também lancei *Influência positiva – pais & filhos construindo um futuro de sucesso*, e depois o livro *Impacto*, ranqueado na lista dos mais vendidos na época, se tornando um best-seller.

Perceba que ser uma autoridade na minha área de atuação, com os resultados que alcanço, não foi um caminho sem obstáculos. Se hoje tenho um posicionamento mais definido e reconhecido, é por ter sido pioneiro, ter apostado em algo que até então não existia e ter enfrentado os desafios que apareceram.

Meu caminho foi de altos e baixos, erros e acertos, assim como deve estar sendo o seu. Todas essas minhas experiências e aprendizados foram o alicerce que dá a base ao método que desenvolvi para você se tornar um empreendedor do conhecimento, ajudando pessoas, construindo um negócio sólido e sendo bem remunerado por isso.

No começo, não tive ninguém para me mentorar, me ajudar a enxergar oportunidades e possibilidades. A área era incipiente, com poucos profissionais e quase todos no mesmo nível. Hoje, tudo isso ficou mais fácil, pois o mercado cresceu e, junto com ele, a experiência e aprendizados das pessoas. Diante disso, temos mais facilidade em obter informações importantes, que nos ajudam a tomar as melhores decisões e manter um desenvolvimento contínuo.

É isso que quero fazer com você nesse livro. Vou te mentorar, mostrando o caminho exato para você iniciar uma nova carreira como empreendedor do conhecimento, assim como eu me tornei, e ter um negócio sustentável e rentável.

Bons atalhos que facilitam a jornada são sempre bem-vindos, concorda?

Empreendedor do Conhecimento cumpre esse papel, trazendo um caminho claro para você viver do que faz, com PAIXÃO, SUCESSO E IMPACTO na vida das pessoas. Siga comigo e entenda como chegar lá!

O QUE É SER UM EMPREENDEDOR DO CONHECIMENTO?

Capítulo 2

Nesse percurso de vida que acabei de contar, ajudando pessoas em sua trajetória profissional e, depois, formando especialistas em coaching de carreira, duas coisas ficaram muito claras. O sucesso vem de entender alguns princípios básicos que servem como fundamentos inegociáveis no acerto de rota e, infelizmente, são ignorados por muita gente que não consegue seguir adiante.

São os quesitos que vou abordar neste capítulo, já que o objetivo do livro é entregar a virada de chave que vai te permitir viver do seu conhecimento, fazendo daquilo que sabe uma ferramenta de transformação para outras pessoas, com bons resultados financeiros.

Mas não há como chegar a esse patamar sem um direcionamento. Por isso, antes de apresentar o passo a passo do método que desenvolvi, preciso te alertar sobre fatores de mentalidade capazes de fazer total diferença.

Muitas pessoas me procuram buscando transição de carreira por estar cansadas do mundo corporativo, mas, depois de algum tempo, acabam voltando para aquele mesmo ponto de partida. O motivo disso? Justamente a falta de atenção a elementos de mentalidade que fundamentam os empreendimentos do conhecimento.

Seja você uma pessoa que vem amadurecendo a ideia de empreender com o seu conhecimento ou alguém que está nesse barco, mas não chega aos resultados desejados, analise as questões que trazemos neste capítulo. Sem dominar o real significado de ser um empreendedor do conhecimento, nada vai dar certo.

O ponto 1:
Você não é simplesmente um autônomo

Quando um profissional faz a opção de "trabalhar por conta própria", para trazer uma expressão bastante usual, é comum ser pego pelo que chamo de Visão Limitada do Autônomo (VLA). Falo de um olhar antigo e viciado em torno dessa atuação.

Trabalhar de forma autônoma, sob o tradicional olhar limitado e linear, torna tudo muito restrito, pois significa basicamente ser somente consultor. Durante muito tempo, de fato, quem saía do mercado corporativo tinha como única possibilidade prestar consultoria.

Mas a verdade é que isso mudou muito, diante das inúmeras possibilidades do mercado, principalmente por conta da tecnologia, que permite ampliar o leque de serviços e produtos. O seu primeiro passo para viver disso com bons resultados é romper com essa visão tradicional e limitada, a VLA.

Se enxergar como empreendedor do conhecimento, como alguém que toca um negócio, é imprescindível. E o meu principal convite é ao desenvolvimento dessa potencialidade em você.

O ponto 1:
Você não é simplesmente um autônomo

"Como assim, Maurício? Está querendo dizer que não existe profissional autônomo?" De forma alguma. Esse conceito existe e, por sinal, é tratado juridicamente. No âmbito legal, o trabalho autônomo é considerado o exercício de atividade profissional sem vínculo empregatício e assumindo os riscos decorrentes dessa condição. Se formos um pouco além e pesquisarmos sobre o significado de autonomia, vemos referência a ter as rédeas da vida, estabelecendo normas e condutas próprias.

E olhar para essa condição de autor da própria história, tendo mais clareza das possibilidades desse novo mundo, é o que diferencia o autônomo do empreendedor do conhecimento. O pulo do gato está em não se enxergar como um mero prestador de serviços, essa é a base sólida de mentalidade que vai construir seu percurso de sucesso!

> **PARA LEMBRAR SEMPRE:**
>
> Esqueça a ideia fixa de associar empreender a uma empresa grande. Ao mesmo tempo, você não é só um consultor. Enxergue-se como **EMPREENDEDOR DE SI MESMO.**

O ponto 2: O que me faz empreendedor do conhecimento?

Na prática, falo da diferença entre ser o próprio chefe e apostar, de fato, em habilidades empreendedoras. Em processos de transição de carreira, eu me deparo com histórias de pessoas incríveis e altamente capazes, mas presas ao olhar técnico quando migram para um caminho de prestação de serviço.

O ponto 2:
O que me faz empreendedor do conhecimento?

É gente muito competente e que atende com máxima excelência, mas peca demais no desenvolvimento de competências empreendedoras e não entende que tem um negócio. A consequência é falta de clientes, baixa remuneração e uma sensação de fracasso que, muitas vezes, devolve o profissional para o mundo corporativo.

Lá, existe a segurança dos departamentos e setores estruturados e o conforto do salário no bolso. Mas perceba que o fator de insucesso foi a falta do ingrediente fundamental da receita do empreendedor do conhecimento, algo relacionado à falta da consciência de que diferentes atividades fatalmente se incorporam à sua rotina.

Não haverá mais outras pessoas cuidando das questões administrativas e comerciais, por exemplo. E no começo, na maior parte das vezes, você não conta com recursos suficientes para ter uma equipe. Ou seja, vai ter que vestir vários chapéus. Haverá o momento de ser o marqueteiro, o vendedor, o financeiro.

O ponto 2:
O que me faz empreendedor do conhecimento?

São várias e diversificadas habilidades em jogo e muitas delas podem já existir na sua trajetória. É o que tecnicamente chamamos de competências transferíveis; outras precisarão ser desenvolvidas com estudo e dedicação.

Seja você um terapeuta, consultor, orientador ou coach, para citar algumas das possibilidades em empreender conhecimento, vai precisar estudar, por exemplo, o marketing digital, o uso das redes sociais como ferramenta de divulgação do trabalho, os princípios de posicionamento e desenvolvimento da marca pessoal. São passos sobre os quais vamos lançar clareza no capítulo 5 e não têm relação direta com a sua área.

Sem entender que tudo isso faz parte do pacote e estar realmente disposto à jornada, você seguirá se entendendo apenas como profissional autônomo e não terá resultados. O que implica não ganhar dinheiro nem ter o estilo de vida que está buscando.

E, veja bem, não estou falando apenas para empreendedores do conhecimento que pretendam ter maior escala. Isso precisa estar presente ainda que, em princípio, o que você está construindo pareça pe-

O ponto 2:
O que me faz empreendedor do conhecimento?

queno. Vale para quem quer continuar prestando atendimento um a um, por exemplo.

O que precisa estar claro é que o empreendedor do conhecimento é alguém que visualiza as mudanças, oportunidades e possibilidades do mercado, entendendo que é o próprio negócio, o você S/A. A grande questão é você escolher o seu tamanho. Se optar por ser maior, terá desafios de maior dimensão e, provavelmente, maiores resultados financeiros. É simples assim!

PARA LEMBRAR SEMPRE:

A maioria das pessoas que faz transição de carreira, saindo do mundo corporativo para a atuação autônoma, não dá certo pela falta de VISÃO EMPREENDEDORA.

Veja o que é preciso para ser um empreendedor do conhecimento:

- Você precisa desenvolver visão de negócio, abrindo possibilidades. O capítulo 5 será especificamente dedicado a isso.

- Romper o olhar tradicional do autônomo, com foco unicamente em atender e entregar. Atendimento é sua porta de entrada, um ativo a potencializar.

- Usar habilidades para criar soluções, empacotando e comercializando o que sabe das mais variadas formas que o mundo permite.

- Agregar atividades à sua rotina e desenvolver habilidades. Marketing, vendas, gestão financeira não serão mais assuntos de outras pessoas.

- Gestão de tempo, autogerenciamento e disciplina no desenvolvimento de tarefas e projetos entram na conta desses potenciais a aprimorar.

Quem entende e segue o caminho tem resultados

Como coach e mentor, vivencio rotineiramente histórias de pessoas que vão absorvendo e aplicando essa visão e dá certo. Minha aluna Rose Mackert é um excelente exemplo disso.

Ela atuava no mundo corporativo e, com um detalhe bem importante, não era um daqueles casos de profissionais infelizes. Gostava da empresa, do trabalho e até do chefe, mas tinha vontade de trilhar o próprio caminho. Então, planejou a transição de carreira de forma consciente, com organização financeira.

A porta de entrada no mundo de empreender conhecimento foi a prestação de um serviço bem trabalhado, empacotado também como um produto, o que, automaticamente, trouxe clientes. Mas Rose entendeu que toda a experiência que trazia do mundo corporativo, como gestora de RH, servia para diversificar o mix de soluções a oferecer. E aí ela desenvolveu programas de mentoria e atendimento em grupo, focando em nichos específicos.

Quem entende e segue o caminho tem resultados

Perceba o olhar de negócio que potencializa habilidades e ativos profissionais. E, nesse caso, há uma pitada ainda mais interessante. Na sua trajetória de carreira, Rose se tornou especialista em Compliance, uma área de aplicação de políticas corporativas para adequação e conformidade legal.

Entendendo que isso tem tudo a ver com RH e carreira, ela vem trazendo esse conceito para os processos de coaching de carreira, num trabalho de construção de integridade com os coaches.

É uma história que nos mostra, na prática, como ampliar visão, desenvolver habilidades e trabalhar ativos no caminho para um real empreendimento do conhecimento.

Para conhecer em detalhes a caminhada da Rose e outras histórias inspiradoras de empreendedores do conhecimento, acesse o QR Code da p. 142 deste livro. Ele conduz a um link no qual você confere entrevistas minhas com alunos que estão literalmente voando nos seus negócios.

PARA LEMBRAR SEMPRE:

Não adianta apenas estar de saco cheio de um chefe ou da empresa e dizer: "Quero mudar". Você está preparado para a forma como as coisas acontecem **DO OUTRO LADO DO MURO?**

Vamos para a prática?

Como o objetivo aqui é fazer de você um empreendedor do conhecimento, você sempre será provocado à aplicação prática.

E, no momento, o convite é para uma decisão. Empreender conhecimento é mudar a direção da sua vida, e meu papel é te alertar sobre os ônus e bônus envolvidos nesse percurso. São questões que ficaram bem claras durante este capítulo, quando traçamos os critérios e competências exigidos.

Vamos para a prática?

Então, eu te chamo para refletir:

⚙ Você está verdadeiramente disposto a ser um empreendedor do conhecimento? Quais foram os seus principais insights ao longo deste capítulo?

_____
_____
_____
_____
_____
_____
_____
_____
_____
_____
_____

Espero que sim e vou te conduzir, durante este livro, numa jornada que vai te ajudar a ter foco no que deve ser feito.

RESUMINDO

Então, temos clareza sobre o que é ser empreendedor do conhecimento, não é mesmo?

Neste capítulo, você:

- ⚙ Entendeu como ir além da simples visão de autônomo;

- ⚙ Percebeu que é possível ser empreendedor de si mesmo e potencializar seu negócio, seja qual for o tamanho que deseja para ele;

- ⚙ Ficou por dentro dos resultados que pode alcançar desenvolvendo esse olhar;

- ⚙ Está convidado a refletir sobre tudo isso e tomar a decisão de seguir esse caminho.

O MERCADO DE TRABALHO HOJE

Capítulo 3

Estando claro o conceito de empreendedor do conhecimento como princípio fundamental para você imergir nessa jornada, vamos tratar de outro ponto superimportante. Falo das perspectivas de mercado. Lançar um olhar sobre o assunto é crucial, diante da insegurança que muitas pessoas sentem em momentos de transição de carreira, como você pode estar passando. Bate aquele medo em seguir no voo solo, não é mesmo?

Pois bem. Para te ajudar a avaliar o que vem pela frente, vamos apresentar, de forma bem geral, as características e tendências que se apontam quando se fala do mercado profissional. Globalização, conectividade e tecnologia estão na base de um mundo em que tudo acontece com velocidade incrível.

As transformações são constantes e muito do que se esperava para as próximas décadas já é realidade.

Nessa perspectiva, o trabalho se torna cada vez mais automatizado, permeado pelas ferramentas tecnológicas e aberto a novas profissões e modalidades de atuação. Não há mais fronteiras nem a ideia fixa de que sua formação significa passar a vida fazendo a mesma e uma única coisa.

Falamos de um momento em que a visão se amplia e as metodologias se aprimoram, para atender novas necessidades. E isso, caro empreendedor do conhecimento, combina perfeitamente com pessoas como você, que vivenciam um caminho de propor soluções efetivas e inovadoras a partir do que conhecem.

Ou seja, é um momento ímpar de oportunidades e possibilidades para quem entendeu que é o próprio negócio; um mundo que se abre, se você estiver preparado para ele. E agora vamos entender melhor os motivos que me levam a apostar nisso e como aproveitar essa chance.

Possibilidades x Oportunidades

Quando se fala em fazer desse cenário um ponto a favor do sucesso do seu negócio, é necessário que você tenha um olhar apurado para oportunidades e possibilidades, levando em conta, principalmente, as diferenças entre essas noções. É algo de que gosto muito de tratar a partir de uma analogia simples.

Imagine que você acabou de entrar num determinado ambiente e, nele, visualiza algumas portas. Então você pensa: "Vou entrar na porta A e ver o que existe ali". Esse é o olhar focado em oportunidades e, no geral, estamos mais acostumados a ele quando se trata da trajetória profissional. É o caso das vagas de emprego às quais nos candidatamos, por exemplo.

Quando você se abre para vislumbrar possibilidades, cria portas ou, no mínimo, pensa em como fazer da oportunidade algo diferente e singular, que acaba se convertendo em possibilidade. E aí posso citar o meu exemplo. Quando decidi mudar meu rumo profissional e fiz transição para atuar como orientador e coach de carreira, isso não existia. Eu criei a minha porta.

O que havia era um mercado desconhecido aqui no Brasil, ao qual agreguei todos os meus conhecimentos, criando um método próprio. E isso se transformou em negócio, porque comecei a agregar mais serviços e produtos ao projeto.

Dessa possibilidade, veio todo o caminho de empreender esse conhecimento, a partir de livros, palestras, treinamentos, cursos on-line e presenciais.

Ninguém me falou: "Maurício, preste atenção! Existem essas oportunidades que você pode escolher". Entendi naturalmente que era possível escalar o meu projeto de carreira com essa visão de possibilidades. Perceber isso é totalmente disruptivo, porque abre um leque que mostra "eu posso, o mundo de hoje me permite".

PARA LEMBRAR SEMPRE:

Pergunte-se sobre fatores a agregar e oferecer. Não fique apenas pensando no que está pronto, esperando por você. ISSO MUDA TUDO.

Desenvolvendo a visão de possibilidades

Para que você visualize, na prática, como pensar dessa forma, ampliando seus resultados, vamos traçar algumas suposições.

Pense num terapeuta holístico com formação em administração e coaching atendendo um líder ou gestor em desenvolvimento de carreira que apresenta quadro de estresse. Falamos de um profissional com ferramentas diferenciadas para agregar no processo terapêutico com esse paciente.

Se reiki for uma das metodologias de tratamento utilizadas, ele poderá ser conjugado a instrumentos que esse profissional domina, por conta de outras formações, num processo muito mais integral e diferenciado. Isso é ir além da porta existente e pronta.

Entenda que o mundo de hoje aceita você como criador de possibilidades. Se é um psicólogo, numa outra situação hipotética, não está fadado a atender em consultório apenas e pelo resto da vida, você pode criar um caminho diferenciado. E visualizar possibilidades nada mais é do que ter esse olhar de perspectiva, propondo soluções únicas e criativas.

Desenvolvendo a visão de possibilidades

É uma postura que pode ser desenvolvida de forma bem mais fácil do que parece num primeiro momento, porque a sua história de vida traz alguns ativos para a criação de possibilidades. Se você está no mundo corporativo e deseja transitar, investigue o que aprendeu no caminho já percorrido e pense em como alinhar esse conhecimento e os aprendizados em um novo projeto. Isso é o que chamo de **ativos da nossa história.**

Todas as ferramentas e experiências que estão aí em você são, na verdade, um mundo de possibilidades. O necessário é a disposição em se debruçar sobre elas, com olhar criativo, para enxergá-las como elemento de diferenciação. O mundo espera soluções ainda não pensadas e quem as propõe é um gerador de possibilidades.

Assuma esse papel, como empreendedor do conhecimento. Você pode ir bem além do que imagina, seja qual for o tamanho ou escala de negócio que almeja ter. Concentre-se em abrir perspectivas e gerar valor. Esse é o caminho que traz resultados e faz a diferença na vida de outras pessoas.

A idade não importa mais

E já que o assunto é quebra de padrões, temos uma excelente deixa para tratar do famoso conflito de idade, uma questão que acaba angustiando as pessoas que estão buscando uma nova carreira. Isso, definitivamente, não precisa ser uma preocupação. Pode acreditar em mim!

Ouço muito a pergunta: "É possível ser um coach, palestrante, autor, depois dos 50 anos?" e afirmo, categoricamente, que esse obstáculo não existe. Ser mais maduro é, inclusive, algo que pode colocar você em vantagem. Ainda mais se forem consideradas algumas áreas e atividades específicas. No caso de um coach de executivos, por exemplo, a idade vai ser um benefício, um fator de credibilidade.

É verdade que depois dos 40 ou 50 anos pode ser mais complicado voltar ao mercado corporativo. As empresas contratam menos as pessoas maduras, mas em se tratando de empreender conhecimento, conta demais a trajetória que te trouxe até aqui. Isso significa que, em muitos casos, quanto mais sênior você for, melhor a vantagem competitiva.

PARA LEMBRAR SEMPRE:

No mercado de OPORTUNIDADES E POSSIBILIDADES, idade não é barreira!

Histórias de sucesso e estatísticas comprovam

Essa constatação se torna muito real quando olhamos para grandes nomes do conhecimento que passaram dos 50 anos, como Leandro Karnal, Mario Sergio Cortella e Clóvis de Barros Filho.

E se você absorveu a noção de empreendedor do conhecimento trazida no capítulo anterior, vai ter bem claro que eles fazem exatamente isso. Trabalham o que sabem, em diferentes formatos, potencializando a mensagem e trazendo impacto para o mundo.

Para ir um pouco mais longe nessa reflexão, vamos pensar também na história de empresários de enorme sucesso. As listas de milionários e bilionários da revista *Forbes* são repletas de gente com mais de 50 anos.

No livro *How Rich People Think*, que pode ser livremente traduzido por "Como pensam os ricos", o autor Steve Siebold traz uma abordagem desconstrutiva da baixa idade como fator-chave para empreender ou enriquecer. Sua análise, a partir de entrevistas com pessoas de sucesso financeiro, é a de que experiência de vida é uma ferramenta para alavancar o sucesso.

> ## Histórias de sucesso e estatísticas comprovam
>
> Além disso, há estatísticas apontando para a mesma direção. Um estudo realizado por um site de análises financeiras americano, o *Spectrem Group*, por exemplo, indicou que 38% dos milionários dos Estados Unidos têm mais de 65 anos. E o grupo inclui apenas 1% de jovens com menos de 35 anos.
>
> Ou seja, sua idade não pode ser justificativa ou obstáculo para viver do seu conhecimento.

A tecnologia é do bem

"Mas eu não lido bem com ferramentas tecnológicas." Esse é outro conceito mentiroso ao qual muita gente que só fica no desejo de ser empreendedor do conhecimento se apega. Sabe a razão de eu afirmar isso? Além de romper fronteiras, a tecnologia se torna cada vez mais amigável.

É inquestionável que lidar com sistemas e plataformas se torna mais fácil a cada dia. O acesso é prático, a dinâmica de utilização é intuitiva e responsiva e só se aprimora nesses quesitos. O ponto é que você precisa estar por dentro do que a tecnologia oferece. É algo que dá trabalho e exige uma boa dose de boa vontade, mas nada além disso.

Veja, por exemplo, o quanto ferramentas como o Google Meet e o Zoom dão suporte a um processo de escala do seu negócio. E esses são apenas alguns exemplos para perceber que a tecnologia é um fator de apoio na visualização de possibilidades que precisa estar presente o tempo todo num empreendimento do conhecimento.

São inúmeras as plataformas para empacotar e vender conhecimento e não aproveitar esse potencial imenso é um desperdício. Basta refletir: "Poxa, posso fazer algo que não tinha pensado antes", ou "A partir das funcionalidades desse sistema, tenho a chance de mudar a estratégia e ir por outro caminho, mais assertivo".

Por isso, digo que a tecnologia é do bem. Ela ajuda a gerar possibilidades. Ali, há muitas oportunidades de começar ou alavancar negócios, muitas vezes, de forma gratuita. As ferramentas atuais dão apoio para que o empreendedor do conhecimento faça praticamente o que quiser e busque elementos de diferenciação, porque o benchmarking de mercado também é feito on-line e em tempo real, com uma facilidade que antes não se podia imaginar.

Pensar na tecnologia como barreira é outra armadilha da qual você precisa fugir. Será imprescindível ter disposição para conhecer o que está ao seu dispor, com organização e boas políticas de uso, fatores dos quais você é totalmente capaz de dar conta, com boa estratégia de autogerenciamento.

PARA LEMBRAR SEMPRE:

Quando se entende a visão de empreender conhecimento, na ótica de um mercado de possibilidades e oportunidades, com o suporte da tecnologia, nem mais o céu é o limite.

Vamos para a prática?

Agora devidamente apresentado às perspectivas de mercado que estão diante do seu empreendimento do conhecimento, é fundamental um outro momento de reflexão:

⚙ Você entende a importância de se abrir para as oportunidades e possibilidades no caminho de empreender conhecimento?

Vamos para a prática?

⚙ Está disposto a deixar de lado a ideia de que idade não conta a seu favor?

_____
_____
_____
_____

⚙ Sente-se preparado para tratar a tecnologia como aliada do seu negócio?

_____
_____
_____
_____

⚙ Estes são pontos fundamentais para vivenciarmos juntos e na mesma página a jornada desse livro!

EMPREENDEDOR DO CONHECIMENTO

RESUMINDO

Neste capítulo, você:

⚙ Entendeu que o mercado profissional de hoje é totalmente aberto a oportunidades e possibilidades;

⚙ Sabe que seu negócio tem muito a ganhar, num mundo marcado por velocidade, conexão e criatividade;

⚙ Tem clareza de que conflito de idade é apenas uma armadilha;

⚙ Percebeu que a tecnologia é do bem e trabalha em prol do seu crescimento, como fator de suporte a tudo que você oferece ao mundo.

Anote a seguir os principais insights que você teve ao longo deste capítulo:

50

DESAFIOS PARA DEIXAR SEU EMPREGO E SER UM EMPREENDEDOR DO CONHECIMENTO

MAURÍCIO SAMPAIO

Capítulo 4

Na jornada de criação do seu empreendimento do conhecimento, já percorremos passos importantes no que diz respeito aos elementos fundamentais para o sucesso. E, sinceramente, acredito que o avanço da leitura até este ponto é um claro sinal de que sua decisão está bem amadurecida e encaminhada.

Você, com certeza, está disposto ao processo e entendendo que ele tem sintonia com seu perfil e anseios.

Por isso, já podemos falar de forma mais clara sobre passos que devem ser seguidos para um bom plano de ação. É hora de traçar os primeiros movimentos rumo a viver do seu conhecimento, entendendo, de vez, se isso é para você e ganhando coragem para mudar!

De que mudança você precisa?

O ponto de partida é um convite à reflexão, pois muita gente se precipita nos processos de mudança profissional, colhendo logo à frente problemas e preocupações.

Na minha experiência com inúmeras pessoas encarando desafios de carreira, é muito claro que o primeiro e fundamental passo é investigar o real motivo do anseio por algo novo. Essa base permite compreender se é o caso de uma transição ou algo que se resolve na mudança de emprego, com a manutenção da trilha de carreira.

Até porque transitar é um processo delicado, mais complexo e até mesmo doloroso. Se você está cansado do seu chefe, por exemplo, é possível mudar esse aspecto específico. Digamos que trabalhe com vendas e esteja passando por esse desafio. É perfeitamente possível seguir um caminho parecido em outra empresa, com um líder diferente, a partir de uma simples recolocação profissional.

"E quanto a mim, Maurício, que não suporto mais o ambiente de trabalho e não me dou bem com as pessoas de lá?" Vale o mesmo princípio. Será que não se trata de um movimento mais simples, de encontrar outro local e colegas?

Também há os casos de quem não está confortável com relação aos valores da empresa em que trabalha. É preciso analisar que outra corporação, com uma cultura diferente, pode suprir essa angústia.

Agora, quando há um cenário em que diversos desses fatores incômodos estão em jogo, os indicativos de que uma mudança mais radical precisa acontecer começam a estar mais claros. E aí se pensa numa vida profissional nova.

Por isso, meus processos de orientação de carreira partem da pergunta: "Qual o seu real problema hoje?". É a forma de verificar a efetiva necessidade da transição, evitando algo que já vi acontecer demais. As pessoas saem do emprego, investem tudo em uma franquia, por exemplo, e depois de um ano estão de volta para o mundo corporativo, porque faltou essa análise criteriosa e houve precipitação.

Pare e pense!

A opção por uma nova vida profissional é uma decisão séria e exige análise e cuidado!

( ) Está cansado do ambiente de trabalho?
( ) Não se identifica com a cultura corporativa da empresa em que trabalha?
( ) A convivência com o chefe está insuportável?
( ) Não está motivado no relacionamento com os colegas?
( ) Não se realiza mais em exercer a sua profissão?

> **Pare e pense!**
>
> Quando apenas um, ou poucos desses fatores estão em jogo, uma recolocação profissional pode resolver o seu problema. Reflita muito sobre isso!

> **PARA LEMBRAR SEMPRE:**
>
> É fundamental avaliar os REAIS MOTIVOS de você estar pensando em transição de carreira. Uma decisão precipitada pode virar um problema. Analise com clareza para não cair em sabotadores que acabam complicando sua vida profissional mais adiante!

Vamos para a prática?

Para você não cair na armadilha de optar por uma mudança feita no calor do momento ou pelos motivos errados, eu separei uma ferramenta de apoio. São breves perguntas, acompanhadas de opções de resposta e de um norte de análise que te ajuda a entender se você está, de fato, na hora certa de mudar.

Não se trata de um teste validado cientificamente, mas sim de um exercício de reflexão para trazer clareza sobre a sua mudança.

⚙ **Passo 1:** Selecione a opção que melhor responde às perguntas:
1. Você tem clareza do que deseja profissionalmente e na sua carreira?
( ) **a. Sim.** Você deseja atingir um maior patamar na empresa em que você trabalha.
( ) **b. Um pouco.** Você, às vezes, tem o desejo de mudar de emprego, trabalhar em uma empresa diferente.
( ) **c. Não.** Você se sente perdido, sem clareza do que deseja.

Vamos para a prática?

2. Quão satisfeito você se sente no ramo de atividade em que se encontra?
( ) a. **Satisfeito.** Você gostaria de ter somente a oportunidade de crescer.
( ) b. **Pouco Satisfeito.** Você deseja alguma coisa nova, mas ainda não sabe ao certo o quê.
( ) c. **Nada Satisfeito.** Você deseja alguma coisa nova e ter clareza do quê.

3. Quão satisfeito você está com a sua posição, regras e responsabilidade na atual ocupação?
( ) a. **Satisfeito.** Você acredita que as coisas podem melhorar.
( ) b. **Pouco Satisfeito.** Você acredita que não se encaixa mais na cultura atual da empresa.
( ) c. **Nada Satisfeito.** Você deseja tentar uma nova empresa, ou quem sabe uma nova carreira e profissão.

Vamos para a prática?

4. Você consegue identificar suas forças profissionais, talentos, competências e habilidades, e acredita que, caso necessite, consegue utilizar essa experiência no próximo trabalho?
( ) **a. Sim.** Você reconhece seus talentos e habilidades e acredita que pode conquistar um novo nível de liderança e resultados, mesmo estando na mesma empresa.
( ) **b. Um pouco.** Você está se sentindo paralisado e indeciso em como utilizar suas forças a seu favor.
( ) **c. Não.** Você se sente desvalorizado e sub-utilizado pelos seus líderes ou pela empresa..

5. Você se sente valorizado pelo que faz?
( ) **a. Sim.** Você sente que é possível crescer na empresa, e que precisa se desenvolver mais.
( ) **b. Muito pouco.** Você sente falta de feedback, se sente paralisado e esquecido.
( ) **c. Não.** Você se sente esquecido, com sentimento de estar estagnado.

Vamos para a prática?

6. Você se sente **paralisado** e sem vontade de avançar em sua **profissão** e na sua carreira?
( ) **a. Não.** Você se sente bem, mas acredita que algo pode melhorar.
( ) **b. Às vezes.** Você às vezes se sente angustiado, ansioso, sem perspectivas de um futuro promissor.
( ) **c. Sim.** Não tem mais vontade de ir para o trabalho, nada mais o motiva.

⚙ **Passo 2:** Contabilize as respostas. Some as alternativas selecionadas e depois leia com atenção o feedback.

+ a = Nível 1
+ b = Nível 2
+ c = Nível 3

Vamos para a prática?

⚙️ **Passo 3:** O que isso quer dizer?
Nível 1:
No Nível 1, você está pronto para expandir sua visibilidade. Almeja mais responsabilidade e provavelmente atingiu um bom nível em seu emprego. Você pensa em mudar de empresa, mas seu principal foco é subir alguns patamares na carreira. O ideal é você pensar se realmente é hora de promover uma transição de carreira ou somente uma recolocação profissional.

Nível 2:
No Nível 2, você está prestes a promover uma mudança e sabe onde quer estar, ou pelo menos o que deseja fazer. Talvez você não tenha iniciado sua estratégia de busca porque se sente cansado e exausto só de pensar no processo de mudança. Provavelmente, já iniciou a transformação, em algum estágio, mas se sentiu frustrado com os resultados e o nível de interesse do mercado. Possivelmente, paire sobre você a dúvida em torno da escolha certa.

Vamos para a prática?

Nível 3:
No Nível 3, você sente que está na hora de mudar, iniciar uma nova profissão, uma nova carreira, quem sabe empreender o próprio negócio, mas pensar sobre isso causa muita angústia e cansaço mental. Talvez você esteja indeciso sobre o que fazer e para onde ir. Se é um empregado, colaborador, deve estar pensando em deixar o emprego várias vezes durante a semana, durante o dia. Você deve estar se sentindo desvalorizado, desmotivado e estressado. Provavelmente pensa em realizar alguma coisa totalmente diferente, mas não sabe como transformar isso em realidade.

Como ter coragem para mudar?

Quando essa análise feita até aqui leva à conclusão de uma necessária mudança de rumo profissional, surge outra questão limitante. É a falta de coragem que faz muita gente sofrer e se manter suportando aquela vida medíocre. E não me entenda mal. Uso esse termo para me referir a algo mediano, que mantém as pessoas no mesmo nível.

Ao ouvirem essa minha análise, muitos afirmam: "Não me falta coragem. Meu problema são os boletos". E aí, devolvo a reflexão:

> "Sim, os boletos preocupam,
> mas pagar remédios para se livrar de
> doenças como depressão, ansiedade e
> tantas outras pode preocupar ainda mais!".

É uma abordagem um tanto dura, eu sei, mas não tenho como te poupar da verdade. Fazer a mudança se trata, de fato, de um passo desafiador, porque seus compromissos financeiros não vão esperar você se estabelecer. Por outro lado, não tenho dúvida sobre valer a pena o investimento em estar mais feliz e passar longe de questões como estresse e depressão.

"Mas como eu desenvolvo coragem, Maurício?" Acima de tudo, entenda que a ausência total de medo não existe. Esse sentimento sempre vai existir e, inclusive, é algo positivo. Ele nos coloca em estado de prontidão, para que as coisas sejam feitas com cuidado. Então, não se trata de eliminar, mas diminuir, driblar o natural temor da suposta troca do certo pelo duvidoso.

Isso se conquista, acima de tudo, com planejamento e pesquisa. Aprenda, pesquise e analise os diversos fatores envolvidos em sua escolha, dessa forma a coragem se torna maior do que o medo.

Para potencializar sua coragem

Vamos a alguns princípios que ajudam muito nesse processo de empoderamento, fortalecendo você para a mudança.

- ⚙ Esteja ciente de que altos e baixos acontecem e estão entre as poucas certezas da vida. A sabedoria está em lidar com eles.

- ⚙ Num país como o que vivemos, em que as políticas mudam muito, quem empreende enfrenta o risco de dormir rico e acordar pobre. Olhar para isso de forma realista te faz mais forte.

- ⚙ Ou seja, aceite que existem erros e acertos e se desenvolva para encarar momentos bons e ruins. Conheço muitos empreendedores que faliram 3 ou 4 vezes e hoje estão muito bem.

- ⚙ A própria economia tem seus fluxos e ter clareza disso te deixa muito mais preparado e corajoso.

- ⚙ Por sinal, quando você trabalha em uma empresa, não tem garantia de não ser demitido. Há uma falsa promessa de estabilidade.

> **Para potencializar sua coragem**
>
> Tudo isso quer dizer que, assim como não se elimina o medo, nunca vai haver total controle e segurança. Seu papel é ficar de olho no que acontece e se preparar para reagir às variáveis, de forma a ter mais domínio sobre o terreno em que pisa.

Clareza do seu destino

Na prática, falamos de um processo que funciona mais ou menos como uma balança. Quanto mais transparente está o novo cenário, há menos questões a temer e mais coragem surge. É quase uma equação matemática.

Por isso, defendo a clareza como um elemento fundamental para tirar qualquer pessoa da paralisia, daquela sensação de não ter força para efetivar a mudança e se tornar empreendedor do conhecimento. Muita gente se vê nesse emaranhado, ansiando pela mudança, mas incerto do que fazer e com medo de partir para a ação. Para sair desse impasse, o caminho é ampliar a clareza. Algo perfeitamente possível a partir das respostas às questões apresentadas abaixo.

Para um caminho nítido

Clareza do estilo de vida

É um fator crucial que envolve saber como você deseja viver. Para isso, pense nas seguintes questões:

Você gostaria de acordar e estar fazendo o quê?
_____
_____
_____

Qual seria a rotina ideal do seu dia?
_____
_____
_____

Com que perfil de pessoas deseja conviver?
_____
_____
_____

Para um caminho nítido

Em que tipo de ambiente você deseja trabalhar? Ambiente interno, externo, mais descontraído ou mais rígido, com rotinas estabelecidas?

_____
_____
_____

Quanto aos recursos e objetos, seu trabalho envolve a utilização de tecnologias ou é uma atividade manual?

_____
_____
_____

Os retornos que espera são quais? Isso com relação ao aspecto financeiro e a fatores como liberdade de tempo e proximidade com a família, por exemplo.

_____
_____
_____

Para um caminho nítido

Clareza dos critérios da nova profissão

Diante das respostas a esses questionamentos, é bem mais tranquilo visualizar as profissões alinhadas à rotina de hábitos e trabalho que você almeja. O estilo de vida que você mira é mais parecido com a atuação de um autônomo, coach, orientador, terapeuta, empresário ou colaborador em uma grande empresa? E assim você pode pensar em várias possibilidades profissionais.

Clareza das competências e habilidades

Como um terceiro passo, para uma definição assertiva do percurso a seguir, é preciso avaliar o seu perfil. Que habilidades profissionais necessárias para essa nova atividade você já desenvolveu? Quais outras você precisará desenvolver e como vai chegar lá?

Falta de coerência e consciência com relação a esses três aspectos pode levar a uma transição de carreira super mal sucedida. Em princípio, as atividades ligadas a empreender conhecimento trazem um estilo de vida muito buscado pelas pessoas, com liberda-

Para um caminho nítido

de de tempo, geográfica e financeira, além de trazer reconhecimento e uma boa remuneração ajudando outras pessoas.

Só que, por outro lado, é preciso se entender como o próprio negócio e administrar uma série de questões não presentes no dia a dia de quem atua no mundo corporativo. Há pessoas que preferem ter uma rotina mais fechada, batendo ponto e com o trabalho guiado por uma liderança, e está tudo bem se isso deixar você mais confortável. O ponto é se alinhar ao que faz sentido para você.

No meu processo de transição de carreira, sofri um pouco pela síndrome da solidão, depois de muitos anos trabalhando em um ambiente agitado e cheio de pessoas. Mas foi algo que não me impediu, porque eu tinha muito claro o estilo de vida que almejava. Muitas pessoas, entretanto, investem numa formação que as habilita a atuar como empreendedores do conhecimento e depois descobrem não ser esse o caminho.

Ou seja, se os seus critérios de vida não baterem com os da nova profissão que pretende exercer, você está caindo em cilada. Visualize com muita exatidão, inclusive o patamar de renda que tem em vista como ideal. É o que chamo de "conforto financeiro".

Para um caminho nítido

Assim, você se sentirá mais tranquilo em promover uma mudança.

Se trata de enxergar o horizonte e não se sentir vendado, sem ter noção do que vem logo à frente e das exigências a encarar. É um cenário com muito menos motivos para medo, angústia e ansiedade. São bem maiores as chances da escolha certa, numa trajetória de sucesso.

Vamos para a prática?

O objetivo, agora, é facilitar o entendimento dos seus critérios para decidir a sua escolha profissional. Vamos para um exercício que vai permitir que você avalie os pontos de clareza do seu caminho profissional? [1]

---

[1] Referência: Kathia Neiva. Critérios para escolha profissional

Vamos para a prática?

1. Ambiente de trabalho
Onde você gostaria de trabalhar?
( ) Na cidade ( ) Hospitais
( ) No campo ( ) Consultórios
( ) Escolas ( ) Laboratórios
( ) Fábricas ( ) Home office
( ) Escritórios

Outros: _____
_____
_____

Como você gostaria que fosse seu ambiente de trabalho?
( ) Agitado ( ) Formal
( ) Calmo ( ) Informal
( ) Cooperativo ( ) Pequeno
( ) Competitivo ( ) Amplo

Outros: _____
_____
_____

Vamos para a prática?

Com quem você gostaria de trabalhar?
( ) Individualmente
( ) Direto com clientes
( ) Em equipe

Outros: _____
_____
_____

2. Objetos e conteúdos envolvidos no trabalho
Com o que você gostaria de trabalhar?
( ) Pessoas
( ) Animais
( ) Máquinas
( ) Automóveis
( ) Motos
( ) Dinheiro
( ) Legislação
( ) Crianças
( ) Adolescentes
( ) Adultos
( ) Líderes empresariais

Outros: _____
_____
_____

Vamos para a prática?

3. Rotina de trabalho

Qual seria a rotina que você gostaria de ter no seu trabalho?

( ) Período integral
( ) Trabalhar intensamente
( ) Movimentar-se fisicamente
( ) Viajar com frequência
( ) Horário fixo
( ) Horário flexível
( ) Trabalhar moderadamente
( ) Ficar sempre no mesmo lugar

Outros: _____
_____
_____

Vamos para a prática?

4. Atividades do trabalho
O que você gostaria de fazer no seu trabalho?
( ) Escrever   ( ) Vender
( ) Criar   ( ) Organizar
( ) Pesquisar   ( ) Planejar
( ) Orientar   ( ) Ensinar
( ) Dirigir   ( ) Contato com
( ) Liderar   pessoas

Outros: _____
_____
_____

5. Retornos do trabalho
O que você gostaria de obter com o seu trabalho?
( ) Realização profissional   ( ) Cultura
( ) Aprendizagem   ( ) Status social
( ) Estabilidade financeira   ( ) Prestígio
( ) Reconhecimento pessoal   ( ) Poder
( ) Reconhecimento público

Outros: _____
_____
_____

Vamos para a prática?

Avaliando seus critérios, qual seria o estilo de vida ideal para você?

_____
_____
_____

PARA LEMBRAR SEMPRE:

Se você tivesse todo o dinheiro do mundo, COMO GOSTARIA DE VIVER? Pensar nisso amplia o entendimento sobre os seus critérios de vida e os da possível nova carreira. É A CLAREZA QUE AUMENTA A CORAGEM DE MUDAR.

Três estratégias para mudar

"Beleza, Maurício. Tudo que li até aqui está me levando a entender que minha vida profissional precisa de um novo rumo." Ótimo. Você já chegou a essa conclusão e tem elementos de clareza e coragem. Chegou a hora de falar sobre o processo de transição em si.

No desenvolvimento do meu método, cheguei a três possíveis caminhos estratégicos para uma mudança de carreira assertiva. Vamos entender cada um deles. Você vai desenvolver ainda mais segurança para trilhar esse novo rumo. Seguir uma jornada com critérios e fundamentos é muito mais fácil.

1. A transição radical

Algumas pessoas chegam a um ponto de saturação tão extremo na vida profissional, que a única saída parece a famosa "queima da ponte". Elas simplesmente não toleram mais a profissão, o chefe, a empresa, o ambiente de trabalho e partem para uma ruptura radical, pedindo demissão, às vezes, de um dia para o outro. É um laço que se quebra, em geral, depois de um longo tempo em que uma condição desagradável foi sendo tolerada sem a devida atitude.

Confesso que essa é uma rota que não considero muito indicada. Acaba sendo uma atitude perigosa, sem nenhum tipo de preparação. Há casos de pessoas que sequer sabem o que fazer no dia seguinte e isso pode colocar até mesmo a família em uma situação ruim quando não há reserva financeira para garantir certa tranquilidade durante um tempo de estabilização.

A chance de sua mudança não dar certo e você voltar a uma condição de trabalho desagradável, até por necessidade, acaba sendo bem alta.

2. A transição parcial

No processo parcial, o foco é manter jornada dupla durante o período de condução à mudança total. Já se fala de um caminho em que há mais clareza e a possibilidade de um planejamento financeiro.

O profissional segue sua jornada, por exemplo, no mundo corporativo, e vai abrindo a perspectiva paralela. Quem se prepara para ser coach, por exemplo, começa a atender à noite ou nos finais de semana. Nos meus cursos e treinamentos, há bastante gente que se lança nessa condição.

Aquela pessoa que cumpre jornada formal de trabalho, mas tem o desejo de viver das terapias holísticas, pode ir pelo mesmo caminho. Em geral, depois de algum tempo, vem a dedicação integral à nova profissão. Até porque esse ritmo de trabalho é cansativo e chega uma hora em que o retorno financeiro acaba se tornando interessante ou foi possível fazer a reserva que dá mais tranquilidade para o passo definitivo.

O importante é que houve tempo e condição de você ir desenvolvendo as competências de que precisava e investindo na devida organização financeira. Isso significa a possibilidade de avaliar o melhor momento para só se dedicar ao novo negócio quando se é empreendedor do conhecimento.

3. A transição planejada

Aqui falamos de um processo em que a mudança tem dia e hora para acontecer. Você determina, por exemplo, que, em seis meses, vai atuar no seu empreendimento do conhecimento. Eu mesmo vivi um processo assim na minha transição de carreira. Em meados de agosto, conversei com os sócios da época, falando que estaria com eles apenas até janeiro do ano seguinte.

Para uma mudança planejada, fique atento a alguns aspectos cruciais. O primeiro deles é o estabelecimento de metas. Já falamos um pouco sobre conforto financeiro, mas é preciso definir exatamente, em números, qual é o seu. São 50, 100 mil reais por ano? Aí é só calcular o quanto você precisa por mês. Outro ponto é definir como você vai conseguir atingir essa meta, o que vai oferecer de produto ou serviço.

A outra questão imprescindível nesse processo de planejamento é integrar quem faz parte da sua vida à dinâmica de transformação da melhor forma possível.

Sobre quem a sua mudança envolve

No trato rotineiro com quem está conduzindo processos de reformulação profissional, percebo que, assim como as preocupações financeiras, as pessoas diretamente envolvidas na transição são barreiras muito fortes para uma decisão efetiva. "Mas e quanto ao meu chefe e a minha família? Será que vão aceitar?"

Ouço demais essa pergunta e devo dizer que as pessoas precisam sim ser consideradas, mas não como impeditivos para a mudança. É possível cuidar desse quesito, sem que se torne obstáculo. Acredite em mim!

Acima de tudo, é preciso estar preparado e firme para não desistir. Virão influências positivas e negativas. Algumas pessoas dizem "Legal, que bacana. Vá em frente e conte comigo. Tenho certeza que vai ter sucesso". Mas também vai surgir aquele colega, amigo ou familiar para questionar, sem dó: "Vai deixar o certo pelo incerto? Está maluco?".

O grande porém é que ninguém está na sua pele, vivendo a angústia de uma vida sem propósito e estressante. A conta de perder a saúde física e emocional, que vem com esse processo, quem paga é você!

Os passos a seguir

Alguns conselhos são muito úteis para você lidar bem com as pessoas que fazem parte da sua vida nesse seu redirecionamento profissional. O diálogo é o ponto solucionador!

O desafio de falar com o chefe: de fato, seu líder precisa saber do que está acontecendo. É fundamental ser ético e transparente, conversando sobre sua decisão. O que fica muito mais fácil em se tratando de processos estruturados de transição de carreira.

⚙ Optou por uma estratégia parcial e vai prestar atendimento fora dos horários de trabalho? Seu chefe tem que saber disso. Até porque você vai precisar divulgar sua nova atividade via redes sociais, por exemplo, e, fatalmente, ele vai ter acesso a essa informação.

⚙ Planeja pedir demissão em alguns meses? Também é preciso comunicar a decisão a quem exerce a chefia. Isso permite que as coisas se organizem, sem estresse e sobressaltos.

Conduzir mudança dessa forma cuidadosa é uma demonstração clara de integridade. Você deve

Os passos a seguir

apostar nisso, inclusive como forma de manter a porta aberta. Não se sabe do futuro quanto a um retorno ou possível parceria.

Você e sua família no mesmo barco: em se tratando dos familiares, a dinâmica é a mesma. Opte pela conversa. Você está construindo algo novo, um negócio, e isso exige alinhamento em casa. Afinal, sua família, muitas vezes, depende de você.

Pode ser necessária uma alteração de padrão de vida, com corte de gastos, ou investimentos em infraestrutura e equipamentos, como um computador novo ou a preparação de um ambiente para o home office. Por sinal, quem mora com você precisa entender e colaborar com a nova rotina, quando é o caso de trabalhar em casa. Pode não ser fácil, mas é preciso dizer aos filhos, por exemplo, que não vai ser possível comprar algumas coisas agora.

E sabe como você conquista confiança e prova que não se trata de uma mera loucura deixar o trabalho fixo para viver do seu conhecimento? Mostrando aos familiares o seu plano. Explique o que vai fazer,

Os passos a seguir

como vai fazer, quais rendimentos é possível atingir, apontando necessidades específicas do momento de transição. Essa conversa é imprescindível quando se tem marido, esposa e filhos maiores. Eles ficarão mais tranquilos quando entenderem que o processo envolve clareza e planejamento.

No capítulo 5, indico estratégias e mostro o quanto seu empreendimento do conhecimento pode escalar. Agregue isso ao seu plano e demonstre força e confiança para conversar sobre ele com sua família, pois são pessoas que se preocupam legitimamente com sua vida - e se você e elas tiverem certeza de que você sabe como fazer e o patamar a ser alcançado, tudo fica mais fácil.

Blinde-se das críticas: sei que também pode ser bem complicado lidar com a desconfiança de algumas pessoas que, apesar de não viverem com você, são muito importantes. Muitas vezes seu pai, mãe ou irmãos cobram sua decisão.

Mas é preciso se blindar e entender que se trata da sua vida. Repito: ninguém sofre as consequências

Os passos a seguir

da frustração nem vai desenvolver problemas de saúde por você.

Se for alguém que faz diferença, use o mesmo caminho de dialogar sobre o planejamento que está fazendo. Agora, em se tratando daquele tio ou primo distante, apenas agradeça o conselho e evite se importar.

RESUMINDO

Este foi um capítulo em que direcionamos a sua decisão. Eu trouxe elementos que desenvolvem clareza e certeza sobre o caminho de empreender conhecimento ser a rota certa para você!

- ⚙ Antes de mais nada, é preciso entender se a transição de carreira é a melhor alternativa para o seu caso.

- ⚙ Fizemos exercícios para desenvolver clareza e potencializar a coragem de mudar.

RESUMINDO

- Você também já conhece estratégias de transição e sabe como lidar com as pessoas que fazem parte da sua vida e devem estar por dentro da nova jornada profissional.

- E como forma de ter ainda mais certeza de que seu perfil combina com viver do que conhece, transformando vidas com bons resultados, te convido a fazer o teste "ser empreendedor do conhecimento é ou não é para mim". Ele está disponível no QR-Code da p. 142 deste livro.

- Faça o teste e venha comigo para o próximo capítulo, que fala do passo a passo para estruturar e trabalhar seu empreendimento do conhecimento.

Capítulo 5

OS 5 PILARES DO SUCESSO DO EMPREENDEDOR DO CONHECIMENTO

Parabéns por ter chegado até aqui. Você percorreu passos muito importantes. Juntos, já entendemos o que significa ser empreendedor do conhecimento, desenvolvendo clareza sobre o mundo de possibilidades que isso representa.

Empreender conhecimento é impactar vidas, alcançando dois patamares de retorno. Um deles é a gratidão de quem teve sua história transformada. E isso é algo de extremo valor que nos traz uma satisfação imensa. Mas, na outra ponta, e tão importante quanto, está o lado financeiro; o que monetariamente recebemos como resultado desse trabalho.

Não importa se você é ou não um consultor, mentor, coach, orientador, terapeuta ou atua dentre as inúmeras possibilidades ou se está pensando sobre o assunto. O fato é que precisa ter em mente ser um resolvedor de problemas que alcança sucesso.

Como fechar essa conta? É sobre isso que vamos falar agora. Na minha jornada como empreendedor do conhecimento, ajudando pessoas a construir carreiras sólidas nessa área, construí um método que funciona. São 5 pilares simples de entender e aplicar.

O PILAR 1
Visão de negócio

Se tem algo que a trajetória de quinze anos como orientador de carreira me mostrou é a importância primordial de o empreendedor do conhecimento entender que tem um negócio. Sem esse ponto de partida bem construído, simplesmente não há como pensar em outros quesitos. Por isso, esse é o nosso primeiro fundamento.

E falo, antes de mais nada, por experiência própria. Não ter isso em mente desde o princípio foi algo que complicou muito a minha jornada, como relatei no primeiro capítulo.

Quando descobri o desejo de viver da orientação profissional e parti para uma transição de carreira, saindo da gestão escolar, me faltava a consciência de negócio. Eu entendia que precisava atender e, então, me focava no pro bono (atender sem cobrar), fazendo atendimentos dia e noite, sem olhar para aquele trabalho como um empreendimento.

E veja, não se trata de eliminar a atuação gratuita, que nos ajuda a obter experiência, principalmente quando estamos começando, mas não vai dar certo permanecer nesse looping. Foi isso que me levou a falir um escritório de atendimento, como já citei anteriormente. Investi toda a minha poupança e vi essas economias indo para o ralo, porque não havia um fluxo de entrada financeira.

Era andar na contramão do próprio conceito de negócio, que preza pela oferta de produtos e serviços com foco na geração de lucro. Sem essa visão, pode ter certeza, você não terá sucesso, exatamente como aconteceu comigo, lá no começo de tudo! É fato que também se tratava de uma época em que não havia profissionalização no mercado do conhecimento. Ou seja, não contei com a sorte que você está tendo de ter acesso a bons mentores.

Os elementos de sustentação

Diante dessa consciência, surge a pergunta: "Mas como desenvolver essa visão de negócio?". Divido esse processo em duas bases fundamentais, por sua vez, ancoradas em alguns quesitos. Veja como é simples!

Aspectos operacionais: são relativos à criação e aprimoramento de processos e rotinas de trabalho. Aqui, entram em jogo:

- ⚙ A aposta no desenvolvimento e estudos contínuos, sem cair no ciclo vicioso do conhecimento que não é estruturado e aplicado;
- ⚙ A formação e o cuidado com os times de trabalho;
- ⚙ As políticas de marketing e vendas;
- ⚙ A gestão financeira adequada.

Os elementos de sustentação

Aspectos comportamentais: estão relacionados ao seu estofo emocional para encarar os muitos desafios de empreender. Por exemplo, quando deixei para trás o trabalho como mantenedor e gestor escolar, ouvi coisas que alguém deve ter dito a você também: "Está louco em largar o certo pelo duvidoso?", "Vai viver de quê?".

Por isso, é preciso se aprimorar no gerenciamento das emoções. Sem desenvolvimento comportamental, você fica à mercê de pessoas e acontecimentos. Aposte nisso, ou nem todo o conteúdo do mundo vai levá-lo adiante.

- Acima de tudo acredite, se dedique, tenha foco e persistência;
- Os obstáculos vão exigir coragem de seguir em frente. E você responde a eles com planejamento e organização;
- Quem estiver conjugando CLT e atuação como empreendedor do conhecimento precisa saber que, em algum momento, vai ter que fazer uma escolha.

Vamos para a prática?

Conhecimento sem aplicação vira letra morta, não é mesmo? Para isso não acontecer, vamos a um exercício. São perguntas que você deve se fazer agora e o tempo todo, para entender se está seguindo um caminho guiado pela visão de negócio.

- Acredito e continuo acreditando no negócio?
- Estou disposto a entregar tempo e empenho?
- Sei aonde quero chegar e o caminho a percorrer?
- Sou capaz de persistir e aprender com os desafios naturais do processo?
- Tenho objetivos, metas e agenda traçados?

PARA LEMBRAR SEMPRE:

Sonho fora da agenda é sonho morto.

O PILAR 2
Foco no posicionamento

Geralmente, quem é empreendedor do conhecimento gosta de ajudar as pessoas. E aí entra em jogo algo que pode virar uma armadilha: ficar vulnerável às muitas possibilidades e influências.

Uma analogia que ajuda a entender sobre o que estou falando é pensar num motorista de transporte coletivo que, em vez de dirigir pela rota prevista, fosse seguindo indicações de passageiros. Imagine várias pessoas dizendo a esse condutor: "Amigo, vai por aqui ou por ali. Agora é melhor virar à esquerda". Seria um ônibus sem rumo, certo? E um empreendedor do conhecimento que não se posiciona também é assim.

Acredite em mim, seus resultados dependem de um bom posicionamento que vai nortear o percurso, assim como o motorista de ônibus sai da garagem sabendo por onde vai passar, qual seu ponto final e o caminho que vai seguir até lá.

"Ótimo, Maurício, mas como construo um posicionamento?" Essa é uma dúvida muito comum entre os profissionais que estão no caminho de empreender conhecimento. Muitos dos alunos dos meus cursos e treinamentos precisam desse esclarecimento. Então, você não está sozinho na sensação de falta de rumo que, volta e meia, aparece. Vamos entender essa equação a partir de alguns passos simples.

O PASSO 1
Ajustando o alvo

Algo que acontece muito é ceder à tentação do "fazer de tudo um pouco para qualquer pessoa". É verdade que são muitas as atividades e áreas à disposição. É possível ser mentor, coach, orientador, consultor, escritor, entre tantas outras perspectivas.

E de forma planejada, essas atividades podem se agregar com muito sucesso. O que não dá é para perder o foco, principalmente na clareza de para quem se trabalha. Aqui falamos da famosa definição de nicho, um passo imprescindível.

É comum a gente ter receio, pensando que escolher um nicho vai limitar a quantidade dos possíveis clientes, mas não é isso que acontece. Na prática, a definição do público para o qual se trabalha significa encontrar o cliente certo, com potencialidade muito maior na geração de valor, inclusive financeiro. É energia direcionada no foco assertivo e aí não tem erro.

O PASSO 1
Ajustando o alvo

Definindo o nicho: escolher um nicho nem é tão difícil quanto parece num primeiro momento.

⚙ O primeiro passo é olhar para **sua história de vida**. Muitas pessoas cometem o erro de se importar demais com a trajetória de outras, ou até com as ondas de mercado, na busca por definir um nicho. Mas é preciso investigar e extrair elementos da própria carreira.

⚙ E isso por um motivo bem simples: com foco na trajetória pessoal e investigando a própria construção profissional, você entende quais são os **ativos trazidos da sua história de vida**. No meu caso, por exemplo, posso falar de orientação profissional, gestão escolar e relacionamento entre pais e filhos.

⚙ Quando você soma a sua história de vida aos principais ativos profissionais que acumulou, está aberto o caminho para acertar o nicho e **criar um negócio multipotencial** que aplica suas melhores **habilidades na resolução de dores**. Voltando ao meu caso, minhas três grandes competências se converteram em palestras, livros, treinamentos, workshops, e-books, os produtos do meu empreendimento de conhecimento.

Vamos para a prática?

Agora que está clara a importância da escolha do nicho e os elementos que vão ajudar a encontrá-lo, para dar vida ao seu negócio de sucesso, eu te convido a um exercício.

Reserve cerca de 10 minutos e escreva sua história de vida. Dela, extraia três principais ativos, que você vai aplicar à solução de dores de um público específico. No caso de quem trabalhou anos no mercado corporativo, formando lideranças, um dos ativos pode ser desenvolver líderes, por exemplo. O aprendizado em se relacionar com pessoas e equipes é outra possibilidade nesse caso.

Agora é muito importante que você escolha apenas um ativo para iniciar a sua jornada como empreendedor do conhecimento. E o critério para essa escolha é simples. Pergunte-se: Qual desses ativos, numa escala de 0 a 10 (Sendo 0 - Não vou ter prazer e 10 - Vou amar), traz uma convivência e atuação mais prazerosa pelos próximos anos?

Você precisa se sentir bem com a sua escolha. E lembre-se de que a opção é sua, **somente sua**.

> **PARA LEMBRAR SEMPRE:**
>
> Ativos da sua história são experiências e aprendizados que você obteve ao longo da sua jornada de vida, seja profissional ou não.

O PASSO 2
A hora do impulso

Até aqui já entendemos que, quando um empreendedor do conhecimento define seu campo de atuação, o percurso fica muito mais claro. Então vem o passo seguinte, o momento de transformar o nicho em negócio.

Analisando a sua história, você mapeou alguns ativos, e eles são superimportantes para esse segundo momento, que é a sua **declaração de posicionamento**. Ela nasce de afirmar, com clareza e exatidão, quais pessoas seu conhecimento e aprendizados ajudam, o

O PASSO 2
A hora do impulso

que elas alcançam acessando o que você ensina, com que ferramentas e chegando a quais resultados efetivos. E isso deve estar expresso em apenas uma frase.

Seu público precisa entender rapidamente que problema você resolve, tendo a certeza de chegar à solução de que precisa. Para visualizar a importância em declarar seu posicionamento com transparência e assertividade, imagine comigo a seguinte situação: você está descendo o elevador do prédio em que trabalha e ali também está uma mulher, que pergunta:

"Vi que você trabalha aqui. O que você faz?"

Com uma declaração de posicionamento construída, você responde: "Ajudo empresárias de mais ou menos 45 anos de idade a equilibrar a vida pessoal e profissional."

Assim, dessa forma direta e simples. Agora, visualize que ela esteja nessa faixa etária e sinta-se estressada; se veja em meio a esse desafio. Você pode ter conquistado uma cliente nessa rápida viagem de elevador. E ainda tem mais. A chance é muito grande de ela te indicar para alguma parente, amiga ou conhecida que aparecer com essa demanda. Seu trabalho vai ficar na cabeça dela.

O PASSO 2
A hora do impulso

Com a internet e as redes sociais, esse alcance ganha escala. Sua declaração de posicionamento deve estar no seu perfil de Instagram, que é uma das ferramentas que mais bombam no momento, e também nas demais redes sociais. Após essa frase direta, você traz um link para o seu site, um formulário de aplicação, ou um telefone de contato, com o incentivo imediato para um atendimento. É o caminho direto para converter clientes.

Posso imaginar que você esteja pensando: "Só que eu ainda não defini se vou ser mentor, coach, consultor, terapeuta, com o que vou trabalhar". Mas é justamente essa a ideia. Pensar e planejar isso antes de entrar em campo faz você sair na frente no mercado.

Muitas pessoas fazem o contrário, tomam a decisão de iniciar uma nova profissão, pedem demissão, investem alto em uma formação e acabam perdidas sobre o que fazer.

Vamos para a prática?

Para você ser assertivo na sua declaração de posicionamento, preparei um exercício. Completando os espaços abaixo, você chegará a uma frase direta!

Eu ajudo _____ (quem?)
A fazer _____ (o quê?)
Através _____ (de quê?)
Sendo assim, _____
_____ (quais os benefícios?)

Vou deixar um exemplo para facilitar. Veja meu caso:

Eu ajudo AS PESSOAS a fazerem uma TRANSIÇÃO DE CARREIRA mais assertiva, por meio de PROCESSOS DE ATENDIMENTOS, LIVROS, PALESTRAS, TREINAMENTOS. Sendo assim, elas SE SENTEM MAIS SEGURAS, PERDEM MENOS TEMPO E DINHEIRO.

> **PARA LEMBRAR SEMPRE:**
>
> As pessoas não estão mais preocupadas com as suas credenciais ou certificados. Elas querem saber da transformação que você promove.

O PASSO 3
Sobre se destacar na multidão

No terceiro passo do método, vamos falar sobre se diferenciar e agregar valor aos ativos que você mapeou na análise da sua carreira e história que fizemos no passo 1.

⚙ **O PONTO 1:**
Qual o seu nível de posicionamento?

O PASSO 3
Sobre se destacar na multidão

Agora, entra em cena o que chamo de níveis de posicionamento, que são estágios de diferenciação. Vamos pensar em alguns exemplos no universo do coaching.

O nível 1 - o mentor: é um estágio em que o profissional encara bastante concorrência. Num exercício de suposição, vamos imaginar que existam 50 mil profissionais atuando nessa área;

O nível 2 - o mentor de carreira: pensando na história de alguém que, como eu, agregou o ativo de trabalhar no segmento da orientação profissional, o cenário fica muito melhor. Seguindo a linha hipotética que estamos trabalhando, vamos supor que eu fale de um universo de 5 mil coaches especialistas em carreira;

O nível 3 - o mentor de carreira de altos executivos: no caso de alguém que tenha sido alto executivo, já se abre a perspectiva de um afunilamento ainda mais interessante. É um ativo que vira diferenciação capaz de te colocar, digamos, num universo de 50 profissionais;

O PASSO 3
Sobre se destacar na multidão

O nível 4 - o mentor de carreira de mulheres em altas posições executivas: aqui surge um nível de segmentação mais profundo. Sendo mulher e tendo atuado como alta executiva, você se especializa nesse público. No quadro de visualização que estamos traçando, dá para imaginar que estamos nos referindo a 20 outras experts, quem sabe, atuando nesse subnicho.

Percebe que falamos de uma escada que você percorre se fundamentando nos ativos profissionais naturalmente construídos e conquistados durante a sua história? E que se trata de um processo que tira você da posição de "mais um na multidão"?

E até pode parecer que, nos primeiros níveis de posicionamento, há muito mais gente a atender. Mas leve em consideração que, ao descer esses estágios, você trabalha como um "peixe grande em lagoa pequena".

O PASSO 3
Sobre se destacar na multidão

E o fato de a lagoa ser pequena não significa que ela não seja populosa, e tenha potencial. Pense em quantas altas executivas, no Brasil, precisam de uma ajuda para equilibrar vida pessoal e profissional. São milhares.

Agora, quantos profissionais você conhece que atuam com foco nesse público?

Veja os motivos que fazem valer a pena o investimento em saltar no nível de posicionamento:

- O grau de especificidade do trabalho aumenta o seu valor. Ou seja, você vai se tornando um profissional mais caro;

- O público mais especializado tem grandes chances de ter maior poder aquisitivo;

- Aumentam muito as chances de você se destacar no mercado e ser reconhecido como uma autoridade no assunto;

- Na prática, você trabalha menos, com foco direcionado, maior qualidade e recebendo mais.

Vamos para a prática?

Dito isso, vamos ao nosso tradicional momento de exercício. Sua tarefa, agora, é:

⚙ Definir em qual nível de posicionamento você quer atuar. Você quer se tornar um profissional mais especializado ou mais generalista?

Essa decisão é sua. Não existe certo e nem errado.

_____
_____
_____

PARA LEMBRAR SEMPRE:

Trabalhar na lógica do canivete suíço, que resolve de tudo um pouco, é brigar por preço. Tornar-se especialista é uma forma de fugir disso. Utilizar a sua história de vida, o seu ativo, e se especializar, é o que vai te DIFERENCIAR no mercado.

O PILAR 3
Criação de produtos e serviços em escala

Antes de falar mais especificamente sobre esse terceiro pilar do meu método, vale muito a pena chamar a atenção para a importância do percurso que fizemos, juntos, até aqui. Se mergulhou nos conceitos e exercícios propostos, você já construiu a sua base de negócio e marcou o posicionamento do seu empreendimento do conhecimento.

E não há como pensar na criação de produtos e serviços em escala, sem tratar desses quesitos anteriores. Com essa base preparada, eu te convido a pensar no que chamo de lógica da pirâmide invertida.

Normalmente, quando a gente começa a trabalhar prestando serviço de atendimento, por exemplo, o normal é iniciar pelo atendimento um a um. Isso é básico e funciona. O único problema desse modelo é que você não consegue escalar o seu negócio porque vai ter um limite de crescimento e, provavelmente, de receita.

Mas preciso te sinalizar sobre a possibilidade de escalar o que você aprendeu e ter um negócio de milhões. Isso é perfeitamente possível parando de trocar horas por dinheiro. Para ganhar escalabilidade, é preciso mergulhar no que chamo de pirâmide invertida de serviços e produtos.

Veja, no gráfico, como isso funciona para os diferentes serviços. É algo que também se aplica a mentoria, orientação, consultoria, terapia e outros.

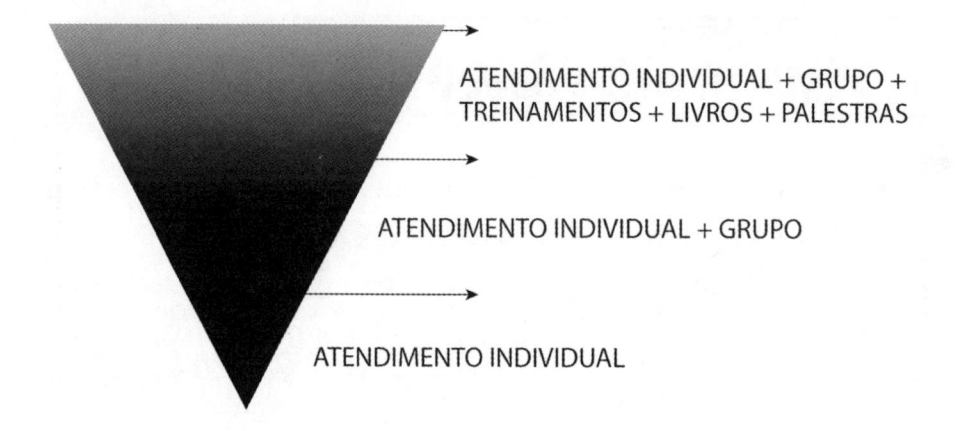

ATENDIMENTO INDIVIDUAL + GRUPO + TREINAMENTOS + LIVROS + PALESTRAS

ATENDIMENTO INDIVIDUAL + GRUPO

ATENDIMENTO INDIVIDUAL

Tudo começa no atendimento individual, que se amplia com a adição dos processos de grupo e ganha possibilidade exponencial, a partir de um mix de produtos que englobe treinamentos, livros e palestras, por exemplo.

Como atingir crescimento exponencial

Veja, de forma bem prática, como é ampla a gama de produtos e serviços a oferecer para o seu empreendimento do conhecimento chegar a esse grau 3 de escalabilidade. É possível fazer muita coisa com o conhecimento acumulado e represado que existe em você!

- E-books
- Livros
- Atendimento (individual e em grupo)

Como atingir crescimento exponencial

- ⚙ Palestra
- ⚙ Workshop de meio dia e dia inteiro
- ⚙ Evento ao vivo de 1 ou 3 dias (em que você oferece opções mais caras, como um processo de mentoria)
- ⚙ Treinamento (on-line e presencial)

Com esse mix de produtos, ou parte deles, implementados, você pode escalar muito o seu negócio e chegar à cifra de milhões, além de isso tudo poder ser feito presencialmente ou de forma virtual.

A lógica de preço e valor

Existe uma diferença entre preço e valor, e saber disso pode ajudar você a potencializar a venda dos seus produtos e serviços. Preço é a expressão numérica, monetária, que se atribui à troca por um bem ou serviço. Já valor é o que você entrega, que pode ir além do esperado. Por exemplo, ao vender um processo de mentoria individual, você pode oferecer de bônus um e-book ou um livro.

Isso é gerar valor, um segredo para aumentar o preço do seu serviço ou produto.

Como atingir crescimento exponencial

Não esqueça jamais que esses benefícios agregados precisam resolver um problema ou gerar uma oportunidade futura ao seu cliente. Essa é a grande sacada!

⚙ Quando alguém compra o seu e-book, por exemplo, pode receber 5 vídeos numa área de membros com senha de acesso. Perceba que isso agrega valor à sua entrega e você pode, então, cobrar mais caro.

⚙ O seu livro também pode ter um QR Code que permita assistir a uma sequência de vídeos e baixar arquivos em pdf. É o mesmo princípio.

⚙ O atendimento é outro campo em que isso é perfeitamente aplicável. Digamos que você trabalhe com altos executivos na busca por recolocação profissional. Junto com as sessões de atendimento, pode ofertar uma sequência de videoaulas sobre como se comportar numa entrevista de emprego ou um curso gravado sobre LinkedIn Estratégico. Imagine o quanto isso te diferencia de outro educador executivo que não está oferecendo essas soluções!

Como atingir crescimento exponencial

⚙ No caso das palestras, agregue seu livro, o acesso a treinamentos on-line e processos de coaching aos líderes. É um ganho de valor que te distancia de qualquer concorrência!

Vamos para a prática?

É o momento de trabalhar o seu processo de escala, em passos simples.

⚙ Liste produtos e serviços a ofertar;

_____
_____
_____
_____

Vamos para a prática?

⚙ Feito isso, responda: "Que extras posso oferecer?". Esses serão os bônus que agregam valor e geram diferenciação, mantendo você à frente da concorrência;

_____

_____

_____

_____

⚙ Em ambos os momentos, não perca o foco da solução de dores e problemas.

Nesse aspecto, um ponto superimportante é perceber que isso está inteiramente ligado à sua declaração de posicionamento. Ou seja, quem você ajuda, a fazer o quê, a resolver o quê e de que forma: através de processo de coaching? Mentoria? Palestra? E-book? Treinamentos?
É você que define.

Precisa começar com todos esses serviços e produtos? Não. Mas é interessante se planejar para o crescimento, se isso é o que deseja.

O PILAR 4
O poder do marketing e das vendas

Esses são dois fatores sem os quais é impossível estruturar e escalar um negócio e, de fato, se tornar um empreendedor do conhecimento. Isso desde que sua máquina de marketing e vendas seja trabalhada de forma correta.

Indico três direcionamentos estratégicos e em diferentes níveis que, de certa forma, se combinam na construção de uma linha do tempo. São estratégias que se complementam, que podem ser utilizadas concomitantemente. Porém, minha indicação é que você inicie pela básica e já obtenha os primeiros resultados.

Estratégias básicas:

Aqui falamos de algumas ações que estão ao seu alcance imediato e você implementa rapidamente. Veja quais são:

Networking

Isso envolve o grupo de pessoas às quais você tem acesso num círculo próximo. Vale a pena ter uma planilha com parentes, amigos, a turma do futebol, da academia. E pense que cada um deles vai ter uma outra rede a atingir, falando de você para pessoas de fora desse círculo.

Pro bono

O atendimento pro bono é, sim, uma alternativa, desde que você use com coerência. É válido nos primeiros 2 ou 3 meses; depois, comece a cobrar pelo seu serviço. Isso vai fazer com que você melhore sua confiança e autoestima. Você pode oferecer uma primeira sessão estratégica gratuita e depois cobrar as demais.

Indicações

Não importa se você aderiu ao Pro bono ou se você já iniciou seus atendimentos cobrando. O fato é que é importante pedir indicação das pessoas que você atendeu e para as quais gerou grandes resultados. Essa é uma das estratégias que mais dão retorno, porque as pessoas confiam mais em profissionais indicados.

Estratégias intermediárias:
Nesse segundo passo, começamos a trabalhar com perspectivas de maior alcance, mas que também são funcionais e ágeis.

Conteúdo massivo

Falo especificamente de plataformas como blog, redes sociais e YouTube. São canais que exigem um cronograma de postagens e linha editorial baseadas no seu posicionamento, e nesse contexto cabe lembrar, mais uma vez, que é preciso ter definida sua declaração de posicionamento. Além disso, essas estratégias devem ser utilizadas com consistência e assertividade.

Palestras presenciais ou on-line

Vender seus serviços após uma palestra é uma estratégia que funciona muito bem, mas para isso você precisa desenvolver sua competência de comunicação.

Escrever livros e contratar assessoria de imprensa

Essa é uma estratégia forte para consolidação de marca, porém, ela não traz resultado financeiro imediato. Você pode e deve utilizar, mas só depois que já estiver obtendo seus primeiros resultados.

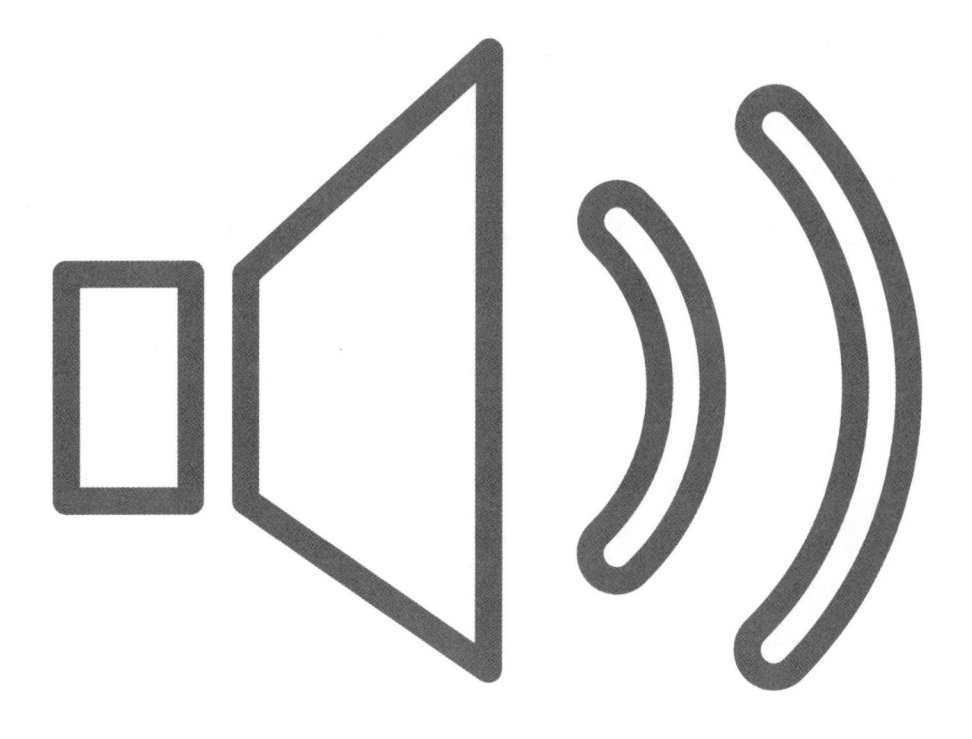

Estratégias avançadas:
Muita gente pensa em começar por aqui, criando cursos e treinamentos on-line e fazendo lançamentos, mas não é esse o caminho. Pense nisso como um terceiro estágio. Essa estratégia pode roubar tempo e foco do seu trabalho de entrega. Várias coisas estão por trás de um lançamento de curso online, por isso, o ideal é delegar esse papel a uma agência especializada, para não ser algo que tome seu tempo, a ponto de você não fazer o que realmente precisa. Nesse nível, entram em jogo:

Anúncios pagos e impulsionamentos inteligentes;

Construção de listas de e-mails;

Implementação de funis de vendas.

> **PARA LEMBRAR SEMPRE:**
>
> O básico bem feito e com consistência pode trazer mais resultados do que o avançado mal feito.

O PILAR 5
Planejamento financeiro

Fechando a estrutura de pilares que constroem o empreendedor do conhecimento de sucesso, é a hora de falar das finanças. Muita gente erra em não apostar num gerenciamento financeiro bem feito. Isso começa com algo bastante simples. Estabelecer quanto você quer ganhar por ano. Desse ponto de partida, pode ser feita a conta inversa, chegando ao valor mensal e a quantos clientes precisa para atingir esse patamar, ou quantos serviços e produtos você deve ter no seu mix.

E, olha, sinto em dizer que, quando você não sabe responder isso, simplesmente não vai ganhar nada. É uma constatação triste, mas verdadeira. E sabe por qual motivo?

Porque o universo trabalha em nome das suas metas. O seu sistema nervoso central conspira a seu favor quando há essa clareza. É uma definição que coloca seu cérebro para trabalhar e ir ao encontro das estratégias que vão te levar a esse resultado.

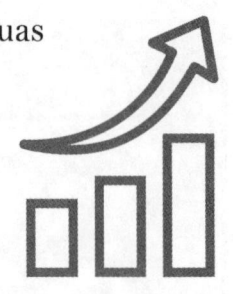

Vamos para a prática?

A falta de metas financeiras significa um caminho sem clareza, que não vai levar a lugar algum. É urgente que você defina:

⚙️ Quanto pretende ganhar por ano?

_____

_____

⚙️ Qual o valor mensal necessário para bater essa meta?

_____

_____

⚙️ De quantos clientes precisa para isso?

_____

_____

Vamos para a prática?

⚙ Uma ajuda extra!

Para aprofundar o desenvolvimento do pilar de finanças no seu negócio, também estou entregando um bônus bem especial. É o Conforto Financeiro, uma aula em vídeo sobre planejamento financeiro. Ela está disponível no QR Code da p. 142 deste livro.

RESUMINDO

Agora você já sabe aplicar o meu método gerador de empreendimentos do conhecimento de sucesso, algo que sistematizei com muito estudo e prática.

Neste capítulo, você:

- Investigou sua história de vida;
- Extraiu dela seus principais ativos profissionais;
- Definiu seu posicionamento e estabeleceu a sua declaração;
- Entendeu com quem trabalhar e o poder de se especializar;
- Se tornou consciente das dores que resolve e das soluções efetivas que oferta;
- Conheceu a escala de produtos e serviços que você pode oferecer;
- Tomou posse de um percurso de marketing e vendas que respeita níveis estratégicos e aposta em ações assertivas;
- Descobriu como fazer da gestão financeira uma ferramenta de clareza e sucesso.

Se não for para ser CONSISTENTE, nem faça!

TRANSFORMAÇÃO SUA TAMBÉM É A TRANSFORMAÇÃO DOS OUTROS

MAURÍCIO SAMPAIO

Capítulo 6

Estamos na reta final dessa caminhada que trilhamos juntos e, diante de tudo que apresentei, só me resta um convite à ação. Isso ninguém vai fazer por você. O processo de empreender conhecimento tem desafios e complexidades, mas é muito representativo de uma retomada de significado para a vida. Essa é a tônica da nossa conversa neste capítulo.

É incrível o quanto escuto das pessoas: "Maurício, meu trabalho perdeu o sentido. Não vejo mais razão nele". Isso é o que me move a desenvolver soluções que ajudem as pessoas a enfrentar os obstáculos da rotina profissional. Ainda mais em se considerando a importância que tem nosso trabalho na construção de bem-estar, estilo de vida e felicidade.

São questões cujo valor se faz fortemente presente para as pessoas. Estamos cada vez mais movidos por uma carreira que carregue propósito e significado. E você tem uma chance valiosa de chegar lá, aplicando tudo que aprendeu durante esse livro. Esse é o seu ganho ao partir para a ação!

Não importa se você vai escolher ser coach, mentor, terapeuta, autor, palestrante, ou qualquer outra atividade relacionada a viver do seu conhecimento. Também não se trata do tamanho que você almeja para o seu negócio. Isso tudo é escolha sua. O grande ponto é a chance de uma vida com muito mais sentido e conexão, em que você usa o que sabe como transformação própria e dos outros, fazendo a diferença para o mundo.

As três liberdades

Talvez essa seja uma das maiores buscas de um ser humano e a grande recompensa que um empreendedor do conhecimento pode ter. Já parou para analisar o significado e a importância de ser livre? Essa é uma questão tão presente para o ser humano que se torna base de estudos para áreas de conhecimento como a filosofia, que busca entender com extrema profundidade o que temos de mais essencial.

No olhar desse campo de estudos, a condição autônoma, independente e a ação por si próprio, características de quem é livre, são pressupostos para a condição humana. Assim, pensadores como Jean-Paul Sartre, por exemplo, enxergam liberdade e autenticidade como valores inegociáveis.

São reflexões que trago aqui como uma breve licença poética, porque dariam um outro livro, não é mesmo?

PARA LEMBRAR SEMPRE:

A liberdade é um anseio humano. Por isso, a busca por autonomia na carreira é tão presente.

Ser livre efetivamente

Na construção dessa estrutura de trabalhar como empreendedor do conhecimento, três visões de liberdade entram em jogo, fazendo parte da rotina e, efetivamente, mudando sua perspectiva de vida.

Ser livre efetivamente

⚙ **Liberdade de tempo:** por trás da dedicação mais maleável ao trabalho está o prazer da possibilidade de gerenciar o tempo dentro dos próprios termos. Isso significa ter mais momentos significativos, como estar mais próximo da família, desempenhar atividades em horários mais adequados ao próprio ritmo fisiológico, poder se dedicar aos exercícios e cuidados com a saúde de forma mais tranquila, entre tantas outras coisas.

Tudo isso significa tempo para si, o que não tem preço. Muitos alunos meus que empreendem conhecimento contam o quanto estão felizes, justamente pela conquista desse quesito.

Aliás, no capítulo 2 deste livro, você tem acesso a um QR Code com vários depoimentos nesse sentido. Vale a pena conferir!

Ser livre efetivamente

⚙ **Liberdade geográfica:** trabalhar de qualquer lugar, até pouco tempo, era um mero sonho distante, mas se trata de algo totalmente possível no cenário dos empreendimentos de conhecimento. Uma boa conexão à internet, na maioria dos casos, já é suficiente para seguir a rotina de atividades, ainda mais contando com a facilidade de acesso a ambientes de coworking, que, com o tempo, se tornam superfuncionais e baratos, eliminando a exigência dos locais de trabalho tradicionais. Lembra que mencionei a época em que fechei meu escritório e atendia até em cafeterias? Já naquele momento percebi essa possibilidade.

No entanto, hoje em dia está muito melhor. Tudo é altamente prático e não há fronteiras. Tenho muitos casos de alunos e mentorados que moram no exterior, e também aqueles que atendem clientes do mundo todo. Os recursos tecnológicos estão aí para tornar isso viável!

Ser livre efetivamente

⚙ **Liberdade financeira:** por fim, também falamos de uma jornada mais livre em termos financeiros, com gerenciamento de ganhos. Basta pensar numa equação bem simples. Trabalhando mais, automaticamente, o empreendedor do conhecimento atinge ganhos superiores.

Você parte da possibilidade de planejar metas e cenários de rentabilidade, como viu no capítulo 5. De acordo com a quantidade dos produtos e serviços que oferece, dimensiona claramente o retorno financeiro. E isso também vale para a opção ou não por escalar o seu mix. Um curso on-line, por exemplo, pode ter um número bem maior de alunos que o presencial. Oferecer mentoria em grupo amplia a sua remuneração em comparação com o processo individual. E assim poderíamos mencionar muitos exemplos.

A grande diferença está na chance de romper a relação da troca de horas de trabalho por dinheiro; o que potencializa demais os seus ganhos. É muito diferente do salário fixo e limitado, que te coloca na dependência de vários fatores externos para melhorar a condição financeira. Isso só acontece a partir de eventos específicos, como uma promoção ou acúmulo de funções.

**Concentre-se em
abrir perspectivas e**

GERAR VALOR.

**Esse é o caminho
que traz resultados
e faz a diferença
na vida de
outras pessoas.**

EMPREENDEDOR DO CONHECIMENTO

Uma vida de conexão e com significado

Quando pensamos no tempo dedicado diariamente por alguém ao trabalho, fica claro o impacto que a rotina profissional tem para a sensação de felicidade. Se não enxergamos sentido no que fazemos por cerca de 8 horas diárias, não há como estarmos bem. E isso explica haver tantas pessoas desgastadas e ansiosas por mudanças na carreira.

De fato, é perceptível que critérios como autonomia e conexão enquanto valores ganham cada vez mais importância na avaliação do que é sucesso profissional. São quesitos cuja prioridade e peso só aumentam, chegando a superar o retorno financeiro, em muitos casos, na hora de desenhar o trabalho dos sonhos.

Isso acontece porque o ser humano é movido pelo significado de fazer o que gosta, tendo uma rotina agradável. São os fatores que nos levam a ter motivação e empenho, enxergando valor na atividade a qual nos dedicamos.

Outro ponto fundamental nesse caminho que muita gente persegue é o que eu pontuo como conexão com as pessoas. Falo daquele trabalho que não nos mantém afastados de quem amamos e traz a certeza de exercer algum papel perante o mundo.

> **PARA LEMBRAR SEMPRE:**
>
> Faz toda a diferença, para qualquer profissional, a sensação de estar conectado às pessoas e colaborar com a transformação do mundo. Isso traz ganhos emocionais e um impulso para trabalhar que não têm preço.

O encontro com a motivação

Abordagens do campo da psicologia, como a reconhecida teoria da motivação humana, deixam isso bem claro.

É uma proposta trazida pelo psicólogo norte-americano Abraham Maslow, que resultou na famosa pirâmide da hierarquia de necessidades humanas. Falamos de uma ferramenta que, desde os anos 1950, traz subsídios para estudos de diferentes áreas, da própria psicologia até as visões aplicadas em administração, marketing e comunicação.

A grande contribuição prática desta legítima escada de necessidades sistematizada no desenho a seguir é compreender melhor o que impulsiona e realiza o ser humano.

Quanto mais altos os graus atingidos na escala, maior o potencial de satisfação pessoal.

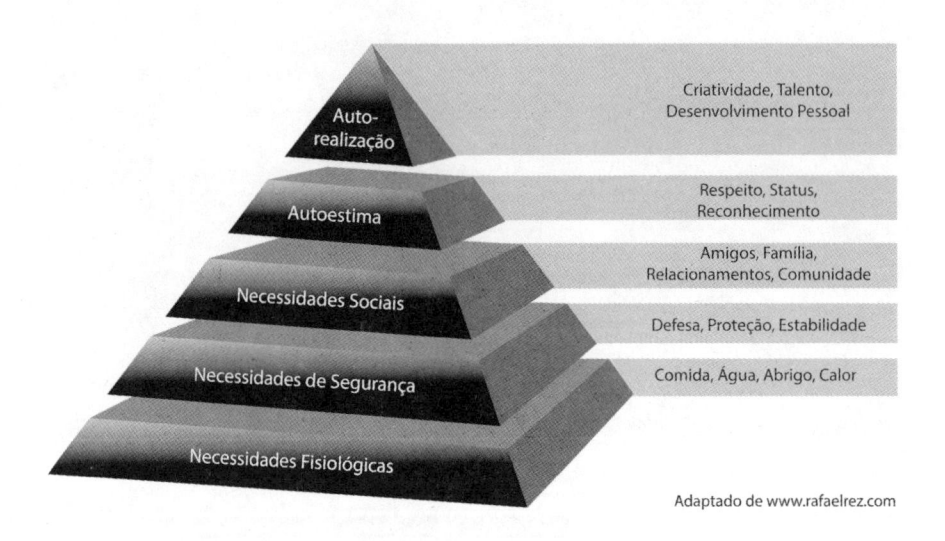

```
                  Criatividade, Talento,
  Auto-           Desenvolvimento Pessoal
  realização

                  Respeito, Status,
  Autoestima      Reconhecimento

                  Amigos, Família,
  Necessidades Sociais   Relacionamentos, Comunidade

                  Defesa, Proteção, Estabilidade
  Necessidades de Segurança
                  Comida, Água, Abrigo, Calor

  Necessidades Fisiológicas
```

Adaptado de www.rafaelrez.com

Veja que as necessidades fisiológicas, bem como elementos fundamentais de segurança e estabilidade, surgem nos primeiros degraus, enquanto o topo traz quesitos de estima e autorrealização. Ou seja, quando seu trabalho só é capaz de lhe prover esses fatores essenciais, você está longe da satisfação efetiva. Seu potencial máximo, com a manifestação genuína de alegria, realização e essência está nos níveis hierárquicos mais altos de motivação.

O que, em geral, acontece numa atuação profissional pautada por autonomia e exercício de conexão, na qual você se enxerga como peça importante.

Um caminho que também passa por relações construtivas e pela percepção do impacto coletivo. Você se percebe num pleno papel de contribuição e vê propósito no que faz. Aí está o segredo das pessoas motivadas a levantar todos os dias para trabalhar.

Síndrome da beira da cama. Até quando?

E o seu processo profissional, como tem sido, em se tratando de satisfação e bem-estar? Caso tenha percebido que está passando longe da autorrealização, só me resta te provocar com as seguintes perguntas: Qual o seu nível de comprometimento em mudar esse quadro? O quanto está disposto a romper com o padrão da mera subsistência e segurança?

Não sou eu, Maurício, que está dizendo, mas grandes pensadores como Maslow, que sinalizam para a importância de romper o padrão de sobrevivência. Naqueles três estágios superiores da pirâmide das motivações humanas está aquilo que nos leva para outro patamar de vida. Nessa alta escala, atingimos realização e satisfação, num cenário que dá espaço para valores como amizade, família, autoestima, conquista.

Chegar lá dá trabalho, com certeza, mas você não está fadado a ser um profissional triste, se mantendo numa estrutura que só traz mais do mesmo. É um lugar em que não há como estar satisfeito, ou sentir-se recompensado. O ser humano existe para ir além e buscar camadas mais elevadas de conexão, valores e autoestima. Nosso percurso de vida envolve autodesenvolvimento constante e o impacto que promovemos ao mundo.

Quem se conforma com os níveis de manutenção e segurança vai simplesmente engrossar a fila dos sofredores do que chamo de síndrome da beira da cama. São aquelas pessoas que, ao acordar, por um breve momento, alimentam sonhos, pensando no que gostariam de viver. Logo em seguida, levantam e entram na rotina de seus afazeres. No dia seguinte, a mesma coisa, acordam, sentam na beira da cama, sonham mais um pouco e já se levantam, iniciando a mesma rotina. E há quem passe anos nesse ciclo, como já foi o meu caso.

Mas como sair disso ou mesmo não ser pego por essa síndrome? Eu te apresentei o caminho, aqui neste livro, de forma clara e simples, com um método, passo a passo, para você iniciar sua mudança e suas conquistas. Partir para a ação ou fazer da sua mudança um sonho morto é escolha sua. Uma nova vida, com total sentido, é o que você tem a perder, então comece agora mesmo.

> **PARA LEMBRAR SEMPRE:**
>
> É a sua hora de fugir da síndrome da beira da cama.
> Faça a mudança acontecer.

Aprenda, pesquise e analise os diversos fatores envolvidos em sua escolha, dessa forma a

CORAGEM

se torna maior do que o medo.

Vamos para a prática?

"Mas, Maurício, eu ainda me sinto inseguro sobre o ponto de partida e a execução da mudança." Separei dois presentes para ajudar quem tem essa dificuldade. É o fim de qualquer desculpa!

- Nas próximas páginas, você tem acesso a uma planilha de realizações. É uma ferramenta importante para você planejar seus passos. Basta boa vontade e ação firme!

- E como uma força extra, no QR Code da p. 142 deste livro, está disponível uma aula sobre como trabalhar com essa planilha de realizações.

  É um material a que só os alunos do Instituto Maurício Sampaio têm acesso. Mas vou te entregar numa demonstração evidente do meu comprometimento com a sua mudança!

RESUMINDO

Agora, só posso dizer que a bola está com você! No capítulo final, você:

- ⚙ Descobriu o valor das três liberdades: a geográfica, a de tempo e a financeira;
- ⚙ Entendeu o que está por trás dos profissionais desmotivados;
- ⚙ Descobriu que cabe a você construir uma vida de conexões e significados;
- ⚙ Aprendeu como iniciar o plano de ações e dar os primeiros passos.

Agora é mãos à obra!

OBJETIVOS	BARREIRAS	ESTRATÉGIAS	METAS	PRAZO	RESULTADO

MAURÍCIO SAMPAIO

Você precisa se sentir bem com a

SUA ESCOLHA.

E lembre-se de que a opção é sua,

SOMENTE SUA.

EMPREENDEDOR DO CONHECIMENTO

Para finalizar:
Construa alavancas para ajudar na sua mudança

Em primeiro lugar, devo manifestar minha gratidão por ter contado com a sua companhia até aqui. Fico tranquilo por ter feito os 100% dos 50% que me cabiam para colaborar com a construção da sua nova vida profissional. O que vai acontecer a partir de agora depende dos seus 50%.

Quero dizer, com isso, que você está diante de uma escolha. Pode fazer do *Empreendedor do Conhecimento* uma simples leitura, agregando informações e conhecimento, ou o passaporte para um novo projeto de vida. E, sabe qual o primeiro passo para essa segunda alternativa? Acreditar, de fato, na transformação. Se essa confiança não partir de você, não virá de ninguém.

O que entreguei, em cada capítulo, foi um método a ser seguido rumo a esse novo caminho. O seu papel, a partir de agora, é trilhar o percurso com dedicação, trabalho, persistência e amor.

Uma vida profissional com conexão e significado, muito mais prazerosa, é perfeitamente possível e você, agora, sabe como agir para construí-la. Ou seja, encarar este livro com o olhar da proposta que ele realmente tem, a de ser um processo de transformação, é um pilar que vai alavancar o seu sucesso.

> **PARA LEMBRAR SEMPRE:**
>
> Dê-me uma alavanca e um ponto de apoio e eu levantarei o mundo.
>
> **Arquimedes**

Acredito muito no que diz essa frase, atribuída a Arquimedes, um grande nome da ciência clássica. Vejo essa questão das alavancas e pontos de apoio como conceitos cruciais para os momentos de mudança. Algo que vivenciei, inclusive, no meu processo de transição de carreira. Muitas pessoas me perguntam onde estava a minha sustentação para aquele momento.

E a resposta envolve dois pontos fundamentais que estão presentes e me motivam até hoje. O primeiro é a enorme crença e confiança que tenho no que faço, eu #acredito. O segundo, o estilo de vida construído e do qual não abro mão. Essas são as minhas alavancas e você precisa ter as suas.

Sabe aquelas coisas que você pensa "isso eu não quero perder"? São seus grandes fatores de impulso. Afinal, a gente é capaz de mover o mundo em nome do que considera fundamental. A vida que você quer ter é um enorme ponto de apoio para acordar todos os dias e melhorar o seu negócio.

Acredite, aposte e se empenhe pelas suas alavancas ou você vai desistir, e rápido. O caminho para o destino que você deseja tem obstáculos, sem dúvida, mas não tem preço erguer um mundo em que você viva de acordo com os próprios termos.

Em cada capítulo deste livro você viveu um processo de descoberta e fundamentação da sua nova proposta de vida e, de verdade, não creio que caiba a mim concluir a obra. Ela é sua e aberta às chaves que estiver disposto a virar.

Espero que você seja muito feliz e tenha se descoberto!

Vamos para a prática?

E já que a conclusão é sua, que tal uma última reflexão? Proponho que você escreva sobre os seus pontos de apoio para, toda vez que olhar ou consultar esta obra, você se lembrar do que te mobiliza.

⚙ Quais alavancas você se compromete a usar daqui para frente, para levantar seu próprio mundo?

_____
_____
_____
_____
_____
_____
_____
_____
_____
_____
_____
_____
_____
_____
_____

Acesso aos bônus

Aponte a câmera do seu celular para o QR Code a seguir para ter acesso a todos os conteúdos especiais que preparei para você:

Transformação pessoal, crescimento contínuo, aprendizado com equilíbrio e consciência elevada. Essas palavras fazem sentido para você? Se você busca a sua evolução espiritual, acesse os nossos sites e redes sociais:

Leia Luz – o canal da Luz da Serra Editora no YouTube:

Luz da Serra Editora no Instagram:

Luz da Serra Editora no Facebook:

Conheça também nosso Selo MAP – Mentes de Alta Performance:

No Instagram:

No Facebook:

Conheça todos os nossos livros acessando nossa loja virtual:

Conheça os sites das outras empresas do Grupo Luz da Serra:

luzdaserra.com.br

iniciados.com.br

luzdaserra

Luz da Serra® EDITORA

Avenida Quinze de Novembro, 785 – Centro
Nova Petrópolis / RS – CEP 95150-000
Fone: (54) 3281-4399 / (54) 99113-7657
E-mail: loja@luzdaserra.com.br

Impressão e Acabamento | Gráfica Viena
www.graficaviena.com.br
Santa Cruz do Rio Pardo - SP, ano 2021

Se você tivesse todo
o dinheiro do mundo,
como gostaria de viver?
Pensar nisso amplia o
entendimento sobre os
seus critérios de vida e os
da possível nova carreira.

É A CLAREZA QUE AUMENTA A CORAGEM DE MUDAR.

EMPREENDEDOR DO CONHECIMENTO